모세도 그랬어

모세도 그랬어

지은이 | 강정훈
초판 발행 | 2025. 8. 20
3쇄 | 2025. 9. 8
등록번호 | 제1988-000080호
등록된 곳 | 서울특별시 용산구 서빙고로65길 38
발행처 | 사단법인 두란노서원
영업부 | 2078-3333　FAX | 080-749-3705
출판부 | 2078-3331

책 값은 뒤표지에 있습니다.
ISBN 978-89-531-5161-1　03230

독자의 의견을 기다립니다.
tpress@duranno.com　http://www.duranno.com

ⓒ 이 출판물은 저작권법에 의해 보호를 받는 저작물이므로
무단 전재와 무단 복제, 무단 사용을 할 수 없습니다.

두란노서원은 바울 사도가 3차 전도여행 때 에베소에서 성령 받은 제자들을 따로 세워 하나님의 말씀으로 양육하던 장소입니다. 사도행전 19장 8-20절의 정신에 따라 첫째 목회자를 돕는 사역과 평신도를 훈련시키는 사역, 둘째 세계선교(TIM)와 문서선교(단행본·잡지) 사역, 셋째 예수문화 및 경배와 찬양 사역, 그리고 가정·상담 사역 등을 감당하고 있습니다. 1980년 12월 22일에 창립된 두란노서원은 주님 오실 때까지 이 사역들을 계속할 것입니다.

고단한 당신에게 전하는 위로

모세도 그랬어

강정훈

두란노

Contents

프롤로그   9

Part 1   나는 누구인가?

01	**진통** | 떠나야 할 때, 비로소 시작되는 삶	18
02	**갈대 상자** | 불안한 인생, 주님이 맡아 주신다	27
03	**이집트 왕자** | 세상 속에서 길을 잃다! 나는 누구인가?	36
04	**40세** | 처량하다고? 하나님께는 계획이 있다	44

Part 2　떨림으로 시작된 그날의 부르심

05	**교생 실습** ǀ 내던져진 광야, 거기서 만난 하나님	52
06	**떨기나무** ǀ 하나님이 불붙여 주시면 빛이 된다	59
07	**여호와** ǀ 내가 너를 불꽃 인생으로 살게 하리라	68
08	**이집트** ǀ 기적은 준비된 사람에게 나타나는 법	77
09	**치킨 게임** ǀ 하나님께 적수는 없다	85
10	**협상** ǀ 분명히 "No!"라고 말할 수 있는 용기	93
11	**Pass Over** ǀ 버려라, 쓸데없는 자존심과 고집불통 아집을!	102
12	**탈출** ǀ 익숙한 틀을 깨고 나아가다	111
13	**홍해** ǀ 죽음의 장소에서 기적이 시작되다	122

Part 3   다시 광야, 그 고난의 시간 속에서

14	**광야** ǀ 그래도 우리에게 길이 있다	134
15	**불 기둥** ǀ 불꽃 같은 하나님이 안위하신다	140
16	**구름 기둥** ǀ 업으시고 안으시는 하나님	148
17	**만나와 메추라기** ǀ 그럼에도 하나님은 어르고 달래신다	154
18	**리더십** ǀ 섬김의 예수님을 본받아	163
19	**율법** ǀ 믿음과 행위, 두 날개로 균형 있게 날아라	171
20	**십계명** ǀ 하나님의 법 아래서 자유하기	180
21	**금송아지** ǀ 보이지 않아도, 하나님은 늘 계신다	188
22	**영성** ǀ 돌아가 다시 시작하라	196
23	**성막** ǀ 하나님께 가까이, 더 가까이	203
24	**정탐의 함정** ǀ 가능성이 보이지 않을 때	212

Part 4   한 사람 모세

25	세대 교체 ǀ 광야는 하나님을 배우는 학교다	222
26	돌판 ǀ 깨어진 삶에 하나님이 새기시는 복	232
27	분노 ǀ 조금만 더 참았더라면	240
28	불뱀 ǀ 보라! 십자가에 달리신 예수를	249
29	장수 ǀ 오래 잘 살고 싶다면	258
30	성읍들 ǀ 이 모든 날 신실하셨던 주님을 기억하라	265
31	죽음 ǀ 사명자는 사명을 다할 때까지 죽지 않는다	274
32	반전 ǀ 주님이 다 보셨고, 다 아신다	280

에필로그　　　　　　　　　　　　　　　　　　　　290

Prologue

지치고 고된 삶을 위한, 모세의 진짜 이야기

"참으로 지치고 고된 삶이었다…."

'모세'를 집필하면서 이 문장으로 시작한다. 우리는 모세의 영웅담에 너무 익숙해 있다. 장장 120여 년의 거친 세월과 풍파에서도 큰 바위처럼 단단히 견디어 낸 성웅(聖雄), 손때 묻은 지팡이 하나로 여러 이적을 보여 준 초능력자, 풀 한 포기조차 쉽지 않은 막막한 광야에서 민족을 이끈 영도자 모세의 눈부신 업적에만 머물러 있다. 헤라클레스가 그리스 신화나 서양에서 영웅의 대명사로 군림한다면 모세는 히브리인에게는 무적의 영웅이다. 그만큼 스펙타클한 모세의 영웅적 요소와 일화 및 행적과 칭송은 영화로, 만화로, 그림으로, 조각품으로, 연극으로 그려져 차고 넘친다.

이제야 모세를 쓴다

이스라엘 국민은 시조(始祖) 아브라함이나 왕국의 상징적 군주 다윗보다도 모세를 더 위대한 인물로 여기는 경향이 있다. 당연한 것이, '모세'를 검색하면 구약성경과 신약성경을 통틀어 812회가 나온다. '제사장'(대제사장)은 839회로, 그보다 조금 많다. 이에 비해 '아브라함'은 236회 나온다. 그만큼 모세의 영향권은 구약과 신약, 유대인과 이방인을 망라한다. 한국 교회도 모세를 대영웅으로 대접하는 데는 인색하지 않다. 고대 1세기 알렉산드리아의 유대인 철학자 필론(Philo of Alexandria)은 "모세는 지금까지 생존했던 사람 중에서 가장 위대하고 가장 완벽했다"라고 말한다. 그만큼 모세는 세기적인 인물이다.

그런데 정작 모세는 이런 존경과 칭송이 달갑기만 할까? 그는 거의 신의 대리자였다. 쉽게 범접하기가 어려웠기에 주변에 사람이 없다. "너무나 유명해진 이름은 얼마나 무거운 짐이 되는지 모른다"라는, 프랑스 계몽주의 사상가 볼테르(Voltaire)의 말은 모세의 심경을 잘 드러내고 있다.

모세에 대한 영웅 대접은 그의 위대성을 높이기는 하지만 걸출한 영웅담에 다정한 인간미가 느껴지지 않는 것도 사실이다. 신적인 초능력자로만 대하기 때문이다. 옆에 있으면 든든한 것이 아니라 그 위엄에 눌려 숨도 제대로 못 쉬게 만드는 거물이다. 나조차도 요셉(《신수성가》, 생명의말씀사, 2012), 야곱(《생활거룩》, 두란노, 2019), 욥(《내게 왜 이러세요?》, 두란노, 2021), 갈렙(《갈렙처럼 온전하게》, 두란노, 2022) 등을 두루 집필했지만 모세는 쓰지 않았다.

모세에게 관심이 없었던 것은 아니다. 앞의 인물들을 쓰는 여러 해 동안 모세가 '나도 무대 위에 올려 달라' 보채는 느낌을 받았다. '나를 그들보다 먼저 써 주어야 하지 않나?' 모세가 말을 건네는 것 같았다. 그러면서도 모세를 쓰지 않은 것은 그의 생애, 교훈, 영웅적 활약상은 설교나 소설, 영화에는 적격이지만 '초인'의 느낌이 강해서 쉽게 말을 걸기가 껄끄러웠기 때문이다.

그렇게 '나중에는 써야지…' 하면서 세월을 보내다 어느새 목회를 은퇴하고 지나온 세월을 반추해 보니 거기에 모세가 있었다. 모세가 겪었을 40년이 내 목회의 일생과 오버랩되면서 그런 일을 겪고 당할 때마다 '그 심정은 어떠했을까', '그렇게 나약하고 두렵고 억울한 날들도 있었겠구나' 하고 마음을 헤아리게 되니 연민의 정이 일어났다. 그리고 모세가 광야교회 40년을 목회하고 마감했던 것처럼, 나 역시 늘빛교회에서 40년 목회를 했고, 현장에서 물러나서 지난 세월을 돌아보는 그 40년이라는 접점이 있어 이제야 모세의 이야기를 하고 싶어졌다.

너희들이 나를 알아?

이집트 왕궁에서의 40년은 성공 그 자체였다. 작은 갈대 상자에 누워 버려졌던 히브리의 아이가 제국의 왕자 신분이 되었다는 것은 개천에서 용이 난 정도가 아니다. 그 시절이 참 좋았을 것이다.

이에 비해, 미디안 목자로서의 40년은 팽개쳐진 처지, 좌절과 인고의 세월이다. 우리는 이 시절을 너무 쉽게 처리해 버린다. 모세 하면 이집트를 탈출하는 과정에서 보여 준 열 가지 재앙과 광야

지도자로서의 늠름했던 행동에 모든 것을 집중한다. 우리가 즐겨 듣고 아는 모세는 바로 이 지점이다. 그래서 대부분 광야 지도자로 40년에 머물고, 그에 대한 찬사로 강단을 채운다. 누구도 감히 넘볼 수 없는, "… 온 땅에 모든 이적과 기사와 모든 큰 권능과 위엄을 행"(신 34:11-12)한 영웅으로서의 모세 일대기이다. 모세 전에도 후에도 그와 같은 지도력과 권능을 가진 위인은 없었다. 그러다 보니, 모세의 지난(至難)한 삶을 놓치고 만다.

모세에게 어느 때도 쉬웠던 세월은 없었다. 이집트 왕실에서는 자신의 정체성으로 끊임없이 고민했고, 견제를 받았다. 미디안의 목자 신분은 초라한 좌절의 궤적이다. 출애굽 광야 지도자로서의 세월은 상습적인 불평 불만자들과의 동행이었다. 더우면 덥다, 추우면 춥다, 너무 쉽게 등을 돌리고 불평하고 불신하고, 신의 대리자로 높였다가 자신들을 망치는 주범이라 대들고 나서는 반복적인 40년의 하루하루를, 그것도 기댈 곳이 없고 숨을 곳이 없는 광야에서 모세는 어떻게 견디었을까.

이런 고된 일상에서 그가 당했던 고통과 외로움과 불안과 과중한 책임감으로 인한 스트레스에 모세는 많이 외로웠을 것이다. 그러기에 어쩌면 모세는 그의 용기와 믿음과 능력만을 외쳐 대는 설교자들에게 "너희가 나를 알아?"라고 말하고 싶어 할 것이다.

"너희가 나를 알아?"

나의 이야기는 모세의 이 같은 심정에서부터 시작된다. 우리는 누구를 모두 아는 것처럼 통편집해 버리고 그를 추앙하거나 하대하지만, 사실은 누군가를 제대로 안다는 것은 쉽지 않다. 위인들의 이야기는 전기 작가, 드라마 작가, 화가, 소설가들의 손끝에서 각색되는 작은 편린들이다. 작가의 성향에 따라 쓰이는 문장으로 모두 안다고, 그를 위인이거나 악인, 충신이고 간신이라고 자리매김을 해 버린다. 이런 구도로 굳어져 있기에 '그 사람은 영원히 좋은 분'이고, '그 인간은 역사에 기록이 있는 영원히 나쁜 놈'이다.

프랑스의 소설가 마르셀 프루스트(Marcel Proust)는 "한 명의 인물이란 우리가 결코 그 안을 파고들 수 없는 어둠이다"라고 말한다. 그만큼 모두의 인생에는 명암(明暗)이 있다. 그런 사실을 외면한 채 어느 한 사람을 무조건 100퍼센트 찬미하거나 100퍼센트 악인으로 만들어 버리는 획일성은 오만이다. 성공한 사람도 자신의 고난이 쉽게 묻히는 것이 아쉽고, 악인이라 해도 공적이 너무 쉽게 폄하되는 것이 억울하다. 이순신을 다룬 김훈의 소설《칼의 노래》(문학동네, 2014)가 100만 부 넘게 팔리고 영화《명량》이 1,700만 관객을 모은 것도 '성웅' 이순신이 아니라 '인간' 이순신, 그의 인간적 고뇌와 좌절을 그렸기에 가능한 일이었다고 최태성은《역사의 쓸모》(프런트페이지, 2024)에서 밝힌다.

모세의 스토리가 나의 스토리가 되길

모세의 경우도 그렇다. 우리가 모세를 안다고 하지만 90퍼센트 이상이 성공담에 머물러 있다. 지도자로 살아오면서 겪었던 고난이나 좌절, 무례한 대접 등을 너무 쉽게 간과한다. 모세니까… 모세니까 아프지도 않고, 모세니까 두렵지도 않고, 모세니까 외롭지도 않고… 모세니까 모세니까…. 그 모세 자신조차도 때로는 "나는 모세니까, 나는 모세니까 무조건 참아야 한다. 나는 모세니까 낙심해서는 안 된다"는 말과 의식이 삶을 버겁게 했는지도 모르겠다.

한국 교회는 목회자를 지나치게 만능으로 여기는 풍조가 있다. 목회자의 인간적인 면을 쉽게 이해하려 하지 않는다. 잘하고 열심히 할 때는 "목사님이니까", 그 한마디로 당연시한다. 약한 모습을 보이면 "목사님이 왜 이러시나" 하며 이해를 못한다. 그래서 목회자는 이래저래 넘치는 과찬에는 민망하고, 무례한 대접에는 속상하다. 이렇게 연약함을 조금도 인정하려 들지 않는 무례한 성도들로 목회자들은 오늘도 가슴앓이를 한다.

그래서 이번 기회에 모세에 대해 알아보기로 했다. 업적이 아니라 모세라는 인간, 그의 고민, 좌절, 인간미에 접근해 보려고 했다. 이것이 이 책의 중심이다. 또한 율법과 믿음의 관계도 살피면서 읽었으면 좋겠다. 모세를 통해 받은 율법은 기독교 복음으로 인도하는 어시스트(assist)이다. 슈팅할 위치도 아니면서 공명심 때문에 내가 공을 차면 실패한다. 내 위치에서 어시스트를 잘해 주는 것만이 시합에서의 성공을 가져온다. 그런 면에서는 공을 넣은 선수도 중요하지만 골인하도록 어시스트를 해 준 선수의 공도 크다. 그게 율법이 하는 일이다. 모세의 이야기를 하면서 '율법은 나쁜 것, 믿음만이 좋은 것'이라는 프레임을 깨고 싶다.

이참에 이집트에 관한 이야기도 많이 넣으려 했다. 한국 교회는 인문학에는 약한 반면에 '애굽'에는 너무 익숙한 나머지 이집트와 파라오의 권세와 힘을 지나치게 저평가하고 있다. 결과적으로 하나님의 능력 또한 과소평가되고 있다.

이집트의 신들은 그냥 신화와 전설이 아니다. 파라오의 생명으로 이어지는 불멸의 신으로 숭배되고 있다. 이런 신들과의 싸움에서 여호와에게, 모세에게 패했다는 것은 파라오와 이집트인으로서는 상상도 못할 일이다. 오히려 우리가 여호와의 전능하심을 충분히 인지하지 못하고 있다. 은혜의 하나님만을 강조한 결과가 아닐까 싶다.

이 책으로, 모세의 일생을 통해 하나님이 우리를 어떻게 다루시는가도 알았으면 한다. 그런 면에서 모세는 훌륭한 멘토이다. 그도 광야에서 살았고 우리도 광야에서 살고 있기 때문이다.

이 책을 읽고 난 다음에는 모세에 대한 친밀감이 많이 일어났으면 좋겠다. 모세의 마음을 알아주는 독자가 많이 생긴다면 큰 보람이 되겠다. 우리가 모세의 내면에 공감하는 독자가 될 때 모세의 이야기는 나의 이야기가 된다. 그렇게 되려면 우리에게도 이제 슬슬 진통, 산통이 시작되어야 한다.

2025년 8월
강정훈

Part

1

나는 누구인가?

Chapter 1

진통 | 떠나야 할 때, 비로소 시작되는 삶

새는 알에서 빠져나오려고 몸부림친다. 알은 세계이다. 태어나려고 하는 자는 하나의 세계를 파괴하지 않으면 안 된다. 그 새는 신을 향해 날아간다.

독일 태생의 노벨문학상 수상자 헤르만 헤세(Hermann K. Hesse)가 소설 《데미안》에서 한 유명한 말이다. 《데미안》은 주인공 싱클레어(Sinclair)가 자신을 찾아가는 과정을 그린 작품으로 제1차 세계대전 이후 패전의 혼돈에 빠져 있던 독일 청년들에게 큰 영향을 미쳤던 작품이다.

이는 지금으로부터 3500년 사이에 이집트(애굽)에서 살던 히브리 백성에게도 적합한 문장이다. 히브리인은 이집트 원주민이 아니라 가나안 이주민이다. 히브리인이 정착한 고센은 나일강 삼각주 남동 지역으로 목축에 알맞은 땅이다. 일명 '라암셋'(창 47:11, 라암세스), '소안 들'(시 78:12, 43)로도 불렸다.

고센 땅은 이집트에서 비옥한 지역이지만, 북쪽에서 쳐들어오는 침입자들의 공격을 쉽게 받는다는 취약점이 있었다. 그래서 이집트 원주민들은 나일강 삼각주 지역에서 내륙 쪽으로 떨어진 멤피스나 나일강 상류 쪽 테베(지금의 룩소르)에 도시를 이루었고 고센을 히브리 부족에게 내주었다. 이집트의 하부 나일강 삼각주 지역에 있는 고센은 지리적 여건상 물이 풍부해서 주전 4000년 전부터 관개수로 시설이 설치되었고 지중해의 영향을 받아 강우량이 많은 곡창 지대였다.

이집트는 목축을 천하게 여겼기에 요셉 총리의 동족은 국경수비대의 보호를 받으며 목축업에 종사하고 아이들을 낳았다. 부족은 번영했고, 행복했다.

출애굽, 이스라엘의 분만기와 유아기

이집트 정착 과정에서 요셉 총리의 후광은 크다. 당시 총리는 행정부서를 지휘하며, 사법부의 운영을 책임지고, 재정과 농업, 큰 공사와 군대, 왕립 문서 보관소, 소유권과 계약 문제까지 관리하고 감시하는 막강한 권력을 가지고 있었다. 왕과 총리는 국사를 시작하면서 매일 아침 모임을 했다.

그만큼 총리 집안으로 출발한 히브리 이주민은 먹고사는 데 걱정이 없으니 엄청난 출산율을 보인다. 여호와께서 탈출을 예고하신(창 15:13-14) 시기가 이르렀을 때는 민족이라 할 만한 인구였다. 대민족에 관한 언약이 성취되었기에 이집트를 떠날 때가 되었다!

하지만 과감하게 갈대아 우르를 떠났던 아브라함의 믿음을 후손들은 승계하지 못했다. 세월이 흐르면서 여호와에 대한 지식과 믿음이 흐릿해졌고 언약은 전설처럼 되었다. 나일강의 문명과 고센 땅이 주는 풍요로운 환경을 버릴 수도 없었다. 지레짐작하는 가나안은 조상의 숨결이 있는 약속의 땅이라지만 대상(隊商)들에 의하면, 가뭄에 시달리고 대부분이 황무지이다. 그러기에 그림 같은 넓은 주택과 종려나무, 야자수가 만들어 내는 서늘한 기후와 풍성한 먹거리, 대추야자, 무화과, 석류 등은 가나안을 무대로 하는 언약을 약화하기에 충분했다.

하나님은 이스라엘 백성의 심리를 아셨다. 그래서 안락한 상황에 슬슬 고통을 보내셨다. 고통이 있어야 하나님 쪽으로 움직이기 때문이다. 임신부가 아기를 출산하려면 진통이 찾아온다. 진통이 여리게 나타나다 직전에는 엄청난 산통이 따라온다. 태중에 있을 때가 행복하다고 아기를 출산하지 않으면 태(胎) 안에서 사산되면서 엄마와 태아 모두 죽는다. 고통을 통하여 밖으로 나와야 살 수 있다.

유진 피터슨(Eugene H. Peterson)은 《메시지》(복있는사람, 2016)에서 모세의 생애로 꾸며지는 출애굽기를 "분만기와 유아기"로 해석한다.

하나님의 백성을 잉태하는 기간이 오래 지속되다가 드디어 진통이 시작된다. 이집트에서의 종살이는 조만간 이루어질 자궁 수축을 암시한다. 출산을 관장하기 위해 모세가 무대에 등장하면서 이집트에 열 가지 극심한 재앙이 임하고, 동시에 자궁 수축이 시작되면서 산고가 끝난다.

하나님이 약속하신 때가 도래했기에 이제는 이집트라는 '자궁'에서 나와야 한다. 하지만 히브리 부족이 아늑한 환경에 안주하려 하자 하나님은 그들 조상과 맺은 약속을 지키시려 출산의 진통을 일으키셨다. 산통이다.

처음의 산통은 고된 노동 작업이다. 왕은 국고성 비돔과 라암셋을 건축하는 일에 동원령을 내렸다. 국고성은 전쟁이 벌어졌을 때 군량이나 병기를 조달하도록 비축해 두는 창고이다. 세금으로 징수되는 곡식이나 무역 또는 기근을 대비하는 창고로 사용되기도 한다. 꼭 필요한 성이 아님에도 국고성을 건축하라는 것은 힘든 노동으로 히브리인의 인구와 세력을 약화시키려는 의도가 깔려 있다.

파라오(투트모세 1세, Thutmose I)는 이런 정책이 실효성이 없자 끔찍한 법령을 내린다. 사내아이가 나거든 신분 고하를 막론하고 죽이라는, 히브리인 멸종 정책이다. 여기에는 하나님이 약속하신 "여자의 후손"(창 3:15), 구세주가 히브리 혈통으로 오지 못하도록 통로를 없애려는 사탄이 그 배후에 있다. 산파 십브라와 부아의 용기와 기지로 이 정책도 실패하지만, 이스라엘은 지독한 고통을 당한다.

사는 것이 너무 힘들어지자 그제야 하나님의 언약을 기억해 내고 이집트를 떠나야만 살 수 있다는 절박감을 느낀다. 이집트라는 자궁에서는 임신 10개월에 해당되는 430여 년(출 12:40, 갈 3:17의 430년은 상술, 창 15:13, 행 7:6의 400년은 약술)을 살았다. 떠나지 않으면 사산을 당하게 된다. 정호승 시인은 "아쉬워야 영혼이 눈을 뜨고 숨을 쉰다"라고 했다. 히브리 부족은 아쉬울 정도가 아니라 죽을 맞이었다. 살려면, 떠나야 할 때가 된 것이다.

이집트 당국의 입장에서도, 히브리 부족을 내보내는 것이 사는 길이다. 어떤 의미에서, 이집트는 이스라엘을 키운 어머니와 같은 국가이다. 이집트라는 자궁이 아니었다면 히브리인이 대부족으로 번영하기가 쉽지 않았을 것이다. 그러나 이제는 떠나보내야 한다. 고집 세기로 유명한 히브리인을 어찌 잡아 둘 수 있을까. 히브리인에게 내려오는 언약 사상을 저들도 들은 바 있었으니 서로 살기 위해 떠나보내야 하는데 붙잡고 있으려니 양자 간에 고통을 겪는다.

해체 고통을 외면한 공동체의 비극

한국 교회는 선교 100년 즈음에 1,400만 신자라는 기록적인 부흥을 맞이했다. 기독교 2천 년에 기적의 역사를 썼다면서 우월감에 빠졌다. 지금은 어떤가? 교회 밖에는 한때는 교인이었던, 직분자였던 사람들이 차고 넘친다. 그들로 인해 교회 시스템과 신자 공동체의 결점들이 고스란히 세상에 알려지면서 전도 문이 막히고 있다. 교회에 나오기는 했지만, 복음을 제대로 체험하지 못했고, 이해하지 못했던 '왕년의' 신자들이다. 이해했어도 아집이 강했다. 그만큼 자기 세계를 파괴하려는 고통을 외면함으로 구원받는 믿음이 되지 못하고 일시적인 교회 생활로 끝나고만 것이다.

로마제국 치하에서 기독교가 300여 년 박해를 받던 중에 콘스탄티누스 1세(Constantinus I)의 칙령으로 기독교가 인정되고(주후 313년) 서서히 '기독교 로마제국'이 된다(주후 392년). 수많은 사람이 교회로 몰려왔다.

워싱턴 대학교 사회학 교수인 로드니 스타크(Rodney Stark)는 《기독교의 발흥》(좋은씨앗, 2016)에서 기독교가 1세기로부터 4세기까지 10년마다 40퍼센트 성장률로 확장했으리라 추정한다. 미국 미드웨스턴 신학교 성경해석학 이상환 교수는 《신들의 신 예수》(학영, 2025)에서 20명 남짓으로 출발한 그리스도인이 주후 100년에 1만여 명, 200년쯤에는 17만 명으로 빠르게 증가했고 기독교가 공인된 4세기에는 제국 인구의 절반인 3천여만 명이 개종했다고 말한다. 절반까진 아니더라도 최소한 인구의 4분의 1은 신자였을 것이다.

로마 교회 개종자들은 성공과 호기심에 끌려 들어온 사람이 태반이었다. 복음을 제대로 수용하지 못했고 거듭나지 못한 신자들이었다. 이교(異敎) 요소들도 많이 들어왔다. 그들이 다수를 이루고 교회는 교황청으로 정치 세력이 되면서 중세기에는 종교개혁이 일어날 수밖에 없을 정도로 부패하고 타락했다. 자기 욕망을 해체하는 고통을 외면한 공동체의 비극적인 말로이다.

주님은 베드로에게서 "주는 그리스도시요 살아 계신 하나님의 아들이시니이다"(마 16:16)라는 고백을 받은 후에 "누구든지 나를 따라오려거든 자기를 부인하고 자기 십자가를 지고 나를 따를 것이니라"(마 16:24)라고 말씀하셨다. 자기 부인, 자기 부정은 이기적 욕망과 생각, 부패한 옛 자아, 옛 사람을 철저히 해체하는 것이다. 이러한 제자의 요건을 망각했던 베드로는 자기를 부인하는 대신 예수를 부인하고 말았다고《호크마 주석》은 밝히고 있다.

아직도 이집트 안의 신자들

나비의 고치를 연필 깎는 칼로 따 주었다. 나비는 구멍을 비집고 나오기는 했는데 기어다니기만 할 뿐 날아오를 생각을 하지 않다가 죽고 말았다. 자기 힘으로 뚫고 나오는 힘든 과정을 통해 생존의 힘과 날갯짓의 힘을 얻어야 하는데 나비는 그 진통이 거세된 것이다.

헤르만 헤세는 알에서 빠져나온 새만이 신을 향해 날아갈 수 있다고 했다. 헤세는 선교사의 아들이지만 기독교의 믿음을 갖지 못했다. 그가 겨냥했던 신은 '아브락사스'(Abraxas)이다. '아브락사스'에 대해서는 여러 해석이 있지만, 유대교에서는 선의 신을 의미하는 '야훼'와 악마의 신 '사탄'을 합친 개념이다. 영지주의(Gnosticism) 종파이다.

이집트 히브리인은 아브락사스가 아니라 여호와 하나님을 향해 떠나야 한다. 조상 아브라함에게 주신 언약을 따라 가나안으로 가야 한다. 그러려면 알 껍데기를 깨야 하고 알에서 나와야 한다. 그들은 이집트 알에서 나오려 하지 않았다. 그만큼 쉽지 않은 떠남이기에 지반(地盤)은 지진처럼 흔들릴 수밖에 없다. 언약의 하나님이 보내시는 지진이다. 그것이 산모의 고통이다.

우리가 제대로 된 믿음을 가지려면, 데미안(Demian)이 싱클레어의 책에 꽂아 준 쪽지 내용처럼 알에서 빠져나오려고 몸부림을 쳐야 한다. 그러려면 자기의 세계를 파괴하려는 투쟁이 필요하다. 그 투쟁을 회피하기에 자아 중심의 알에서 빠져나오지 못하고 '이집트라는 세상'에서 세속화 신자로 살고 있다. 더 큰 고통이 닥치기 전에 알 껍데기를 깨뜨리고 육신에 속한(고전 3:1) 영토에서 탈출해야 한다. 그래야 영에 속한(고전 2:15) 그리스도인의 영토로 나아갈 수 있다.

그 투쟁의 과정에서는 당연히 센 산통이 찾아온다. 질병으로, 사업 파산으로, 낙방과 해고와 사별과 이혼 등을 겪는다. 인간관계에서 딛고 있던 터가 무너진다. 그런 현실에서 사는 것이 힘들 때 영적인 여진을 느껴야 한다. '하나님이 개입하시는구나…', '내 자아가 깨어질 때가 되었구나…', 그런 느낌이 오면 버리고 떠날 준비를 해야 한다. 나를 옭아매고 있는 껍데기를 깨뜨리고 알에서 나올 투쟁을 준비해야 한다. 그래야 믿음의 창공으로 솟아오를 수 있다.

그렇게 히브리인들도 버리고 떠날 때가 되었다. 언약의 꿈이 살아나는 이스라엘은 떠날 준비를 하고 있지만, 이집트는 놓아줄 준비를 하지 못했다. 그러니 1차 피해자는 당연히 이집트이다. 이스라엘은 대부족이 되었기에 누군가는 체계적으로 그들을 끌고 속히 탈출해야 한다. 이집트도 그렇고, 히브리 부족도 머뭇거릴수록 고통을 겪고 모두가 파멸한다.

이스라엘 백성이 이집트에서 나가려는 고통을 겪고 있을 때 하나님은 한 아기가 태어나게 하시고 석 달 후에는 그 아기를 1미터도 안 되었을 갈대 상자에 눕히신다.

Chapter 2

갈대 상자 | 불안한 인생, 주님이 맡아 주신다

이집트는 본토 세력인 제18왕조가 통치하고 있었다. 이전에는 이민족 힉소스(Hyksos) 왕조(제15, 16왕조)가 통치했다. 고대 이집트를 지배한 외부 정복자 힉소스는 청동검을 비롯한 각종 무기와 전차 등을 도입하여 군사적, 경제적 발전을 가져왔다. 셈족 힉소스 왕조는 같은 셈족 히브리인과 좋은 협력 관계를 맺어 왔다. 그러다 본토의 세력에 밀려 퇴출된다.

출애굽기에 등장하는 "요셉을 알지 못하는 새 왕"(출 1:8)은 이집트인이 정권을 회복한 제18왕조의 제2대 파라오 아멘호텝 1세(Amenhotep I)나 제3대 파라오 투트모세 1세로 본다(이 책에서는 투트모세 1세로 전개한다). 이렇게 되면 모세가 이집트에서 도망할 때의 파라오는 투트모세 3세(Thutmose Ⅲ)이고, 40년 후에 출애굽 당시 모세와 한판 대결을 겨루었던 파라오는 아들인 아멘호텝 2세(Amenhotep II)이다.

하나님 손에 너의 삶을 맡긴다

이집트 본토 세력은 정권을 탈환하면서 히브리인 착취 정책을 쓴다. 힉소스 정권과 밀착했던 히브리 부족이 언제라도 이민족과 손잡고 정치 세력화를 할 수 있다는 경계심 때문에 남아 살해 명령을 내린다. 민족 말살 정책이다.

1956년에 제작되어 아카데미 작품상을 포함한 총 7개 부문에 이름을 올린 대작 "십계"에서, 세실 드밀(Cecil B. DeMille) 감독은 광대한 영토를 지배하는 파라오에게 신관이 히브리 부족이 믿고 있는 구원자의 탄생을 의미하는 별이 떨어졌다고 하자 히브리 혈통의 사내 아기를 전부 죽이라는 명령을 내렸다고 해석한다.

히브리인은 있는 자식이라도 살리려고, 갓 태어난 아기를 잃는 고통을 당하지 않으려고 부부 관계를 꺼렸을 정도였다. 히브리 전설에, 아므람은 부부 관계를 피하려고 저녁만 되면 밖으로 나갔다. 나중에는 광야로 달아났다. 딸 미리암이 엄마가 아기를 낳고 그 아이가 큰 인물이 되는 꿈을 꾸었다. 미리암은 아버지를 설득시켜 집으로 들어오게 했고 태어난 아이가 모세이다. 믿을 이야기는 아니지만, 그만큼 히브리인에게는 힘든 시간이었다.

레위 족속 아므람, 요게벳 부부는 남매를 낳은 후에 둘째 아들을 낳았다. 잘생긴 남아였다(출 2:2). 개역한글 성경은 "그 여자가 잉태하여 아들을 낳아 그 준수함을 보고 그를 석 달을 숨겼더니"라고 기록하고 있다. 준수함은 보통 아이 같지 않았다는 것이고, 하나님이 만물을 창조하시고 "보시기에 좋았더라"(창 1:4, 31) 할 때와 같은 단어이다. 사도행전은 "그때에 모세가 났는데 하나님 보시기에 아름다운지라"(행 7:20), 히브리서는 "믿음으로 모세가 났을 때에 그 부모가 아름다운 아이임을 보고"(히 11:23)라고 쓴다. 그만큼 모세는 아름다운 피조물이었다.

아므람 부부는 조마조마한 심정으로 석 달을 숨겨 키우다 갈대 상자에 넣어 나일강에 떠내려 보낼 계획을 세운다. 나일은 아프리카의 빅토리아호에서 발원해 북동쪽으로 이집트를 지나 지중해로 흘러들며 여섯 개의 대폭포를 건넌다. 인류의 문명을 탄생시킨 총 길이 약 6,650킬로미터의 유서 깊은 강으로 유역 분지의 면적이나 유량으로 볼 때 남아메리카의 아마존강에 이어 두 번째로 긴 강이다. (강물은 해마다 새 물줄기가 생기는 일도 있어 길이는 유동적이며 순위는 언제든지 바뀔 수도 있다. 나일강이 가장 큰 강이라는 자료들도 많다.)

고대 그리스의 역사가요 서구인들이 '역사의 아버지'라 부르는 헤로도토스(Herodotus)는 이집트를 가리켜 "나일강의 선물"이라 했고, 나폴레옹(Napoléon)은 "나일강에는 선의 정신이 깃들어 있고 사막에는 악의 정신이 깃들어 있다"라고 말한다. 이집트 전문 작가 크리스티앙 자크(Christian Jacq)는 그의 소설, 《오시리스의 신비》(문학동네, 2008)에서, "나일의 강물은 하늘의 물을 본떠 빚어진 것이다"라고 말한다.

나일강의 지류(支流)가 흐르는 지역은 6월에서 10월까지 정기적으로 비가 내리는데 9월에 쏟아지는 강우량으로 수위가 올라 범람하고 홍수를 토해 낸다. 기름진 충적토는 거대한 농경지를 형성하고 물고기를 제공했다. 북반구에서 가장 풍성한 조류들이 서식하고 알프스 식물, 열대 우림 늪지, 사막, 지구상의 가장 비옥한 경작지 등에서 나는 식물로 넘쳐 난다. 그리스, 로마 등지로 풍족한 농산물을 수출해서 이집트에 번영을 가져다준 것도 나일강이다. 나일강은 일종의 고속도로인 셈이다. 브루스 페일러(Bruce Felier)는 《워킹 더 바이블》(서울문화사, 2001)에서 "성서가 책 중의 책이라면 나일강은 강 중의 강"이라고 극찬한다.

그 결과, 강안(江岸)에서 세계 4대 문명의 하나인 고대 이집트 문명이 탄생한다. 이집트가 만들어 낸 상형문자는 역사상 인간에 의해 창조된 가장 완벽한 언어라는 평가를 받는다. 이런 고대 이집트 문명이 고센의 히브리인을 키우는 자궁 역할을 하고 있다. 물론 하나님의 섭리 아래 되는 일이다.

아므람 부부는 위험을 감지하고 '테바'라는 갈대 상자에 아들을 눕혀 떠나보낸다. 역청(콜타르)과 나무 진(왕골)으로 물이 새어 들어오지 못하게 막았다. 길고도 넓은 강물에 떠 있는 갈대 상자는 아주 작다. 생존 확률은 1퍼센트를 밑돈다. 습지의 갈대밭을 배회하는 짐승이나 악어나 큰 고기의 밥이 되거나 햇볕에 말라 죽을 수 있다. 이집트인에게 발견되면 살해될 게 뻔하다.

요게벳은 하나님의 보호를 믿었다. 아이를 갈대 상자에 넣고 강물에 떠나보내는 행동은 단순히 요행을 바란 것이 아니다. 엄마는 아들의 준수함을 보았다. 준수함은 잘생긴 얼굴만 아니라 내적 순결함까지 내포한 말이다. 하나님이 예비하신 모세의 탁월함이 어려서부터 드러났음을 보여 주는 대목이다. 그러기에 요게벳은 강물에 던진 것이 아니라 하나님께 넘겨 드리고 있다. 그 심정을 CCM "요게벳의 노래"(염평안·최에스더 작사)는 이렇게 표현한다.

> 작은 갈대 상자 물이 새지 않도록 역청과 나무 진을 칠하네
> 어떤 맘이었을까 그녀의 두 눈엔 눈물이 흐르고 흘러
> 동그란 눈으로 엄말 보고 있는 아이와 입을 맞추고
> 상자를 덮고 강가에 띄우며 간절히 기도했겠지
> 정처 없이 강물에 흔들흔들 흘러 내려가는 그 상잘 보며
> 눈을 감아도 보이는 아이와 눈을 맞추며
> 주저앉아 눈물을 흘렸겠지
> 너의 삶의 참 주인 너의 참 부모이신 하나님 그 손에
> 너의 삶을 맡긴다
> 너의 삶의 참 주인 너를 이끄시는 주 하나님 그 손에
> 너의 삶을 드린다

갈대 상자는 하나님의 인도와 보호를 의미하는 상징성을 지닌다. 갈대 상자는 강물을 따라 흘러가는 것도, 바람의 방향으

로 떠내려가는 것도 아니다. 갈대에 걸려 방향을 바꾸지도 않는다. 정확한 장소와 시간과 때에 맞추어 일 점의 착오도 없이 한 방향을 향해 느리게 빠르게 뒤집힐 듯 아슬아슬하게 흘러가고 있다. 요게벳 부부가 할 일은 아들의 생사를 하나님께 맡기는 것밖에 없다. 그것이 기도의 자세이고 히브리 여인의 자녀 교육 방식이다.

자녀들은 그냥 흘러가지 않아

두 아들이 자라는 중에 교회를 개척하고 이듬해에는 교회학교 교사들을 위한 교육 잡지인 〈교사의벗〉을 인수해서 매월 발행했다. 목회와 잡지 발행으로 아이들을 돌볼 시간이 없었다. 그러다 보니 양육이 아니라 방목을 할 수밖에 없었다. 다행히도 두 아들은 사춘기를 잘 보내면서 잘 크고 누구보다도 든든한 목회의 동역자와 후원자가 되었다. 지금도 두 아들 부부가 교육부서에서, 찬양대에서 사역하고 저녁 예배까지 주일성수에 최선을 다하는 모습에 기쁘다.

두 아들이 믿음 안에 서 있는 모습을 볼 때마다 모세의 갈대 상자를 생각한다. 갈대 상자는 오직 하나님의 보호와 부모의 기도 속에서 정확한 목적지를 향하여 흘러갔고, 방수가 철저하게 된 상자 속의 아기는 무사히 살아남을 수 있었다. 우리 자녀는 점수나 성적에 따라, 대학의 차등에 따라 흘러가는 것일까, 아니면

금수저, 흙수저 출생 신분에 따라 흘러가는 것일까? 그것도 아니라면 부모의 수고와 기대에 따라 흘러가고 있는 것일까?

아니다! 자녀는 내 교육 방식에 따라, 실력에 따라 흘러가는 것이 아니다. 실력에 따라 흘러가며 얻은 성공이라면 세속적인 성공이다. 자녀들은 험한 세상 강물에서 하나님의 인도와 보호를 받고 흘러가고 있다. 그러기에 기도의 갈대 상자가 필요하다. 자녀의 미래를 하나님께 맡기는 기도 상자를 만들어 내야 한다. 세속의 물이 들어오지 못하도록 성령과 기도를 따라 역청과 나무 진을 칠하는 방수를 해야 한다.

그것만이 아니다. 아이들이 어떻게 살아가고 있는가, 거듭남을 체험하고 있는가 살피는 누군가를 딸려 보내야 한다. 요게벳은 딸을 딸려 보냈다. 아론이 세 살이고, 히브리인 멸종 정책에 아기를 낳지 않으려 틈을 들이다가 낳은 모세였기에 미리암의 나이는 아마 8-10세 정도 되었을 것이다. 그보다 어렸다면 딸려 보내지 않았을 것이다. 열 살 정도의 딸이 갈대 상자를 보호해 줄 힘은 없지만, 아기만 보낼 수는 없었다. 누이는 조마조마한 심정으로 석 달짜리 동생을 따라가며 지켜본다.

여기에서 히브리인은 갈대 상자 선미(船尾)에서 가브리엘 천사가 노를 젓고 있었다는 전승을 만들어 낸다. 천사는 이집트 공주가 목욕하는 정확한 장소에, 목욕하러 나오는 정확한 타이밍에 갈대 상자를 갖다 대었다. 공주가 보았을 때 아기는 방긋방긋 웃었고, 공주는 그 모습에 순간적으로 눈물을 글썽였다고 한다.

공주의 눈에 너무 사랑스럽고 귀엽게 보여 도무지 죽일 수도, 그냥 떠나보낼 수도 없었다. 그래서 부왕의 살인 명령에도 아이를 구했고 물에서 건진 자라고 해서 '모세'가 된다. 비밀리에 키울 생각으로 유모를 구했는데 미리암의 소개로 요게벳이 유모가 된다. 모든 일이 척척 맞아떨어졌다. 하나님의 시나리오 안에 있으니 당연한 조합이다.

우리 자녀들의 미래에 부모의 능력, 개인의 지능은 얼마나 영향을 미칠까? 한국 교회는 부모만이 줄 수 있는 것을 남에게 맡겨 버렸다. 부모의 사랑, 따듯한 가정이 모세를 돌아오게 할 수 있었던 것처럼 자녀들에게 필요한 것은 끝까지 이해해 주고 기다려 주는 마음이다. 설령 자녀들이 목적지를 놓치고 헤매고 있다 해도 부모에게 기도의 노가 있으면 다시 바른 방향을 잡는다. 그것을 놓쳐 버린다면 자녀들은 이 순간에도 나일강의 어느 곳을 정처 없이 떠내려가고 있을 것이다.

나일강은 생애의 죽음 앞에서도 나타난다. 젊은이는 사는 것이 두렵고, 노인은 죽는 것이 두렵고, 중년은 사는 것도 죽는 것도 모두 힘들다는 말이 있다. 아무렴 죽는 것보다는 사는 것이 그래도 나을 것이다. 그만큼 관(棺)이라는 갈대 상자에 누워 죽음의 강물에 놓이게 될 때 본인은 물론 떠나보내는 가족들은 얼마나 불안할까. 어디로 가는 것일까? 어떤 상황이 벌어질까?

그리스도 안에서 죽은 자는 저승의 나일강물에서도 두려워하지 않는다. 모세를 태운 갈대 상자가 정확한 지점을 향해 나가고 있던 것처럼 '구천을 떠도는' 죽음이 아니라 천국을 향해 정확히 흘러간다. 예수 그리스도 생명의 칩이 있기에 조금의 착오도 없이 정확한 지점, 천국을 향해 나가고 있다. 우리는 모세의 갈대 상자에서 '나의 스토리'를 만들어 내야 한다.

그렇게 하나님의 경륜 가운데 모세는 이집트 왕실의 일원이 된다. 왕실 생활은 화려했고 그만큼 미래에 대한 전망도 찬란했다.

Chapter 3

이집트 왕자 | 세상 속에서 길을 잃다! 나는 누구인가?

모세는 이집트 왕궁으로 입궁했다. 예민한 사안인지라 입궁은 비밀리에 이루어졌을 것이다. 모세를 건져 준 공주는 투트모세 1세의 딸인 하트셉수트(Hatshepsut)다. 후에 여왕이 된다. 고고학자 메리 넬 와이엇(Mary Nell Wyatt)은《이스라엘의 출애굽과 투탕카멘의 죽음》(준프로세스, 2023)에서 그 과정을 설명한다.

모세가 탄생한 때(주전 1526년)는 투트모세 1세가 아직 부왕 아모스로부터 애굽의 통치권을 물려받지 못해 제1의 수도인 테베 궁전이 아니라, 테베에서 북쪽으로 약 600km 떨어진 멤피스에 거할 때였다. 투트모세 1세의 딸이 바로 모세를 강에서 건진 하트셉수트 공주였다. 하트셉수트 공주의 아버지인 투트모세 1세는 정실부인을 통해서 네 자녀를 낳았지만, 세 자녀는 고대 왕실의 형제자매 간 결혼 관습, 즉 근친결혼에 유전적인 문제가 발생해 일찍 병으로 사망했다. 따라서 하트셉수트는 왕실에 남은 유일한 왕위 계승자가 되었다.

테베 궁전으로 입궁하다

공주 하트셉수트는 파라오의 두 딸 중 하나요, 매우 아름다운 여인이었다. 그녀의 아름다운 초상은 뉴욕 메트로폴리탄 예술박물관에 보관되어 있을 정도이다. 하트셉수트는 파라오의 후궁 소생이자 이복동생인 투트모세 2세와 결혼했다.

남편은 약골 체질이라 임신이 되지 않았다. 신성한 나일강에서 정화하고 정성을 기울이면 출산의 복이 임한다고 믿고 목욕하러 나왔다가 갈대 상자를 발견했다. 무더운 이집트 기후에 밤새도록 땀으로 범벅된 몸을 닦으려는 습관이기도 했다. 모세를 보는 순간, 양자로 들이면 장차 섭정 여왕의 신분을 얻을 수 있겠다는 직감이 들었다. 그래서 공주는 모세를 입양함으로 자신의 여왕 입지를 꿈꾸었다.

와이엇은 하트셉수트는 양자 모세가 어느 정도 자랄 때까지 왕궁으로 데려오지 않았다고 한다. 아버지는 황제가 되자 공주를 삼각주 지역에 있는 집에서 테베 궁전으로 이주시켰다. 그제야 모세를 왕궁 인사들에게 정식으로 알리며 아들로 키우기 시작했다.

여러 학자는 모세가 공개적으로 왕자 신분이 된 것은 5세부터라고 본다. 와이엇은 12세 정도, 정신분석학자 지그문트 프로이트(Sigmund Freud)는 3세 이전에 왕궁 사람들에게 정식 소개되었다고 한다. 히브리인은 대부분 3세 정도에 젖을 끊는다. 따라서 《호크마 주석》은 3, 4세가량 되었을 것으로 보고 있다.

하트셉수트 공주는 모세를 양자보다는 친소생으로 신분 세탁을 해야 했다. 그래야 훗날 대를 잇는 정통성 시비에 휘말리지 않고 자신도 순조롭게 섭정 여왕이 될 수 있다. 그러려면 모세를 임신하고 출산했다는 증거가 필요하다. 유대 철학자요 신학자인 필론은 *De Vita Mosis*(모세 일대기)에서 "공주는 자기 아들이라 믿게 하려고 교묘하게 배를 부풀려 임신부처럼 보이게 했다"라고 쓴다. 입양아 모세. 모세는 친부모가 버젓이 있으면서도 고아 신분이 되고 입양아가 된다. 행운처럼 보이지만 불행한 일이다.

모세에 대한 기록은 왜 없을까?

모세가 소년기를 보내고 중년으로 성장하기까지 왕실에서 40년을 보낸 것은 하나님의 섭리였다. 하나님은 오래전에 요셉을 먼저 이집트로 보내시고 우여곡절 끝에 전국 총리가 되게 하셨다. 요셉의 성공은 큰 민족을 만들겠다는 하나님의 약속 성취이다. 요셉에게 입(入)이집트의 사명이 있다면 모세에게는 출(出)이집트의 사명이 주어졌다. 이주민 1세대는 100여 명 정도였지만 탈출 시에는 장정만 60만 명이다. 대부족을 끌고 갈 인솔자가 되려면 그만한 지도자 수업을 받아야 한다. 하나님은 모세의 지도자 수업을 이집트 왕실에서 펼치셨다.

모세는 다양한 과목을 배우고 경험했다. 주전 3200년경, 이집트 상·하 왕국이 통합되어 고대 이집트 문명이 본격적으로 시작되었다. 상류는 열대 우림 기후여서 우기 때 폭우가 쏟아지는데 빗물이 하구로 흘러오면 건조 기후에 도달하게 된다. 하구에 사는 주민들은 1년에 한 번 정기적으로 찾아오는 강물의 범람을 극복하기 위한 치수를 계산하고, 토지가 물에 잠겼다가 드러나면 새롭게 토지 구획도 해야 한다. 높아진 수위를 측량하다 보니 자연스럽게 토지 측량 기술과 기하학이 발달하게 된다.

훗날 이스라엘이 강우량에 의지해야 하는 가나안 농경 생활에 꼭 필요한 수리학을 응용할 수 있었던 것은 모세가 이집트 궁정에서 배운 지식을 전수했기 때문이다.

이집트는 나일강물에 절대 의지해야 했기에 하늘의 기상에 주목하게 되었고, 기상 관측은 천문학을 발전시켰고, 자연히 태양과 달과 별들을 신으로 숭배하면서 종교가 발전했다. 종교는 권력화가 되는 과정에서 거대한 신전들을 건축하게 된다. 크리스티앙 자크는 《파라오 제국의 파노라마》(시아출판, 2001)에서, 후일 람세스 3세(Ramesses Ⅲ) 치하에는 카르낙 신전에 사제와 관리만 해도 8만 명이 넘었으며 헬리오폴리스에는 1만 3천 명, 멤피스 대신전에는 3천 명의 관리와 사제들이 있었다며 이집트를 신전의 나라요, 파라오를 불멸의 존재로 떠받드는 신성한 종교 국가라고 말한다.

이스라엘도 성전의 국가이다. 유목민 출신 히브리인들이 솔로몬의 성전과 왕궁을 지을 때는 이집트의 건축술이 크게 도움이 될 것이다. 당대 최강대국에서 문명과 문물을 체험하고 터득하는 것은 제사장 국가로서의 기본을 다지는 일이다. 섬세하신 하나님의 섭리이다. 모세가 강물에 던져지지 않고 이집트 공주의 양자가 되지 않았다면 이런 특권들을 누릴 수 없었을 것이다.

모세 왕자는 이집트의 최고 교육을 받으면서 준수하게 성장한다. 한눈에 보아도 왕재(王才)감이었다. 모세의 출중함은 양어머니인 공주에게는 섭정 여왕의 자리를 보장해 줄 '보험'이지만 이집트 권력자들에게는 '경계'의 대상이다. 유대 역사가 플라비우스 요세푸스(Flavius Josephus)는 모세는 몸이 건장하고 무술에도 능한 장군이었다고 말한다.

요세푸스의 말에 근거가 있다면, 광야 40년간 대부족을 통솔하던 모세의 조직력이 이해가 된다. 통솔력, 군사 작전, 빠른 결정, 인내, 담대함 등은 왕실 왕자들과 속국 왕자들을 교육하는 교과과정에 포함되어 있었을 것이다.

이집트 역사에서 모세에 관한 구체적인 기록은 찾아보기 어렵다. 왜 그럴까? 모세라는 존재가 파라오를 몰락시켰고 웃음거리로 만들었다. 문명 발상지라는 명예를 얻고 있는 이집트 대국과 히브리 부족의 싸움에서 파라오는 철저히 패했다. 이집트 역사에 오명이다. 이를 수치스럽게 여긴 역대 파라오들은 모든 기록에서 모세라는 이름, 히브리 부족이라는 단어를 지워 버렸고 아예 금기어로 만들어 버렸을 것이다. 구전으로 흘러간 모세의 이야기는 신화가 되고 전설로서 남아 있게 된다. 역사를 전설로 둔갑시켜 버린 것이다. 전설은 팩트가 아니다.

단어의 차이도 있다. 모세의 성장과 활동이 이집트에 어떤 모양으로든지 남아 있겠지만 이집트인과 히브리인이 쓰는 단어가 다르다 보니 착오가 있는 것은 아닐까? 히브리인은 '모세'라 쓰고 부르고, 이집트인은 와이엇의 주장처럼 '세넨무트'(Senenmut)라고 하다 보니 당연히 모세라는 이름은 고대 제국의 기록에서 완벽하게 사라졌을 것이다.

고대 로마나 중국처럼 대제국의 자료들은 보존 분량이 많고 그만큼 세밀하지만, 이집트에서 모세는 기록을 남길 만큼 중요한 사람이 아닐 수도 있다. 히브리인의 이주도 대수롭지 않게 여겨 기록에 남기지 않아 모세의 흔적을 발견하지 못하는 것은 아닐까, 추론해 본다.

사랑을 준 양모, 생명을 준 친모

모세는 왕실에서 야무지게 성장한다. 왕자로의 신분 세탁은 양모와 친모 사이에 묵계가 이루어졌을 것이다. 신분이 탄로 나면 아므람 부부의 목숨은 물론 딸과 아들도 살려 둘 수 없다는 서약이라도 했을까. 모세의 신분에 대해 서로 단단히 입단속을 했다.

모세의 신분은 동네 히브리인들에게조차 비밀이었다. 파라오가 사내아이를 죽이라고 엄명을 내렸는데 어느 여인이 아기를 낳고 겁도 없이 석 달을 숨기겠으며, 더군다나 그 아기가 공주의 손에 건짐을 받아 이집트 왕실에서 왕자로 자라고 있을 줄은 상상도 못할 일이다. 그러나 모세같이 영리하고 준수한 사람이 자신의 혈통을 눈치채지 못할까. 나이 40세가 될 때까지 어느 지점에서 유모가 생모라는 사실을 알았겠지만, 평화가 깨어지지 않도록 조심하고 있을 뿐이다. 영화 "십계"는 양모와 생모가 만난 첫 대면에서의 대화를 이렇게 묘사한다.

양모 | 나는 모세에게 사랑을 주었다. 너는 무엇을 해 주었느냐?
생모 | I gave him life (나는 그에게 생명을 주었다).

짧은 대사로 양모와 생모는 모세에 대한 각자의 사랑을 표현한다. 사랑을 준 어머니, 생명을 준 어머니. 그만큼 모세에게는 낳아 준 어머니도, 죽음에서 건져 주고 키워 준 어머니도 소중했다. 모세는 철이 들면서 그런 틈바구니에서 비밀리에 테베 궁전에서 라암셋을 오고 갔다.

모세는 왕궁에서 뛰어난 학자들에게 배우고 훌륭한 도덕적 자질을 보여 주었다. 아기 때의 준수함이 어른이 되면서 위엄을 갖추었다. 왕실 일원으로 자연스럽게 이집트인이 되었다. 프로이트는 모세를 유대인의 이름으로는 설명할 수 없지만, 이집트인으로는 설명할 수 있다고 말한다(《모세는 파라오였다》, 롤프 크라우스, 이룸, 2003). 프로이트는 그만큼 자신도 유대 혈통이면서 모세의 히브리 혈통을 부정하려 한다. 남이 그럴 정도이니 모세 역시 정체성에 혼란을 느끼면서 왕실에서 아슬아슬한 줄타기를 하고 있다. 어느새 나이 40세가 되었다.

Chapter 4

40세 | 처량하다고? 하나님께는 계획이 있다

요즘 부쩍 40세를 강조하는 책들이 쏟아지고 있다. 인생에 40세는 어떤 의미가 있을까? 40세를 불혹(不惑)의 나이, '세상일에 정신을 빼앗겨 판단을 흐리는 일이 없는 나이'라고 한다. 굳건하게 자신의 길을 걸어가는 40세라 하지만 흔드는 것도 많고, 흔들리는 나이이기도 하다.

모세의 말처럼 인생을 80세로 잡는다면 (시 90:10) 나이 40세는 생애 허리 지점이다. 이 지점에서 목표를 어디로 설정하느냐, 무엇을 선택하느냐에 따라 후반전의 성패가 결정된다.

동족을 돌볼 생각이 나다

모세의 경우가 그렇다. 그의 청년과 중년에 관해서는 사도행전에서 "모세가 애굽 사람의 모든 지혜를 배워 그의 말과 하는 일들이 능"(행 7:22)했다는, 한 줄이나마 기록을 찾아낼 수 있다. 이집트의 제사장들과 왕실 가족은 과학, 수학, 천문학, 의학에 정통했다. 필론은 모세가 음악, 기하학, 수학, 과학, 예술 등 여러 방면에서 뛰어난 인물이었다고 주장한다. 그만큼 모세는 청년기 시절 왕의 후계자로 입지를 단단히 구축하고 있었다.

그렇다고 탄탄대로는 아니다. 탈출의 때가 가까워져 오면서 히브리 백성이 산통을 겪듯이 모세에게도 여진이 찾아들었다. 여왕의 섭정을 불안해하는 정적들이 암암리에 공격하고 모함에 빠트리려 했을 것이다. 임신과 출산이 베일에 감추어져 있었기에 공주와 모세 주변에 억측들이 끊임없이 돌았다. 어느 것 하나 증거는 없었지만 모든 것이 선명하지도 않았다.

왕도(王道)는 그만큼 험난했다. 이민족 힉소스에게 나라를 빼앗기고 노예처럼 살았던 시절은 이집트인에게 트라우마였다. 출생 신분이 명확하지 않은 공주의 아들에게 정권을 넘긴다는 것은 국가가 어디로 갈지 알 수 없는 두려움이다. 그래서 사방으로 공격했고 음모를 꾸몄고 상소했다. 때로는 노골적으로, 때로는 은밀하게, 점점 치밀하게 공격을 좁혀 왔다.

모세의 살인 사건은 이런 상황에서 벌어졌을 것이다. 무명의 한 사람을 살해한 것으로 일국의 왕자가, 그것도 정권을 잡을 가능성 1순위인 왕자가 황급하게 나라 밖으로 도주했다는 것은 설명이 약하다. 그 정도의 사건이라면 얼마든지 비밀리에 처리해 버릴 수도 있다. 모세는 시기가 좋지 않은 때 살인을 저질렀다. 적에게 그의 모호한 정체성을 건드릴 기회를 제공한 것이다. 이때쯤이면 모세도 자신의 출신 성분을 분명히 알고 있었다.

> 나이가 사십이 되매 그 형제 이스라엘 자손을 돌볼 생각이 나더니 행 7:23

모세는 이미 히브리인을 동족으로 생각하고 있었다. 어릴 때 생모의 가족을 통해 특별히 받은 사랑과 히브리의 역사를 통하여 흐릿하게 자기 정체성을 느끼고 있다가 왕궁에서 자라면서 묻어 버렸을 것이다. 그러다 어느 순간부터 다시 히브리 혈통이 자신에게 흐르고 있음을 알았고, 불편함이 공존하게 되었다. 그는 영민했기에 40년을 돌아볼 때 곳곳에서 히브리 계통 출신이라는 증거들이 드러났다. 그러다가 동족이 희생당하는 것을 보고 욱하며 동족애가 밖으로 나온 것이다. 그때 나이가 바로 40세였다. 그리고 모세의 인생은 새로운 전기를 맞이하게 된다.

모세의 살인은 단순히 충동성으로만 설명할 수 없다. 사방으로 협공하는 적들로 정치적 뿌리는 흔들렸고 부당하게 공격해 오는 정체성에 대해 공주인 어머니는 자신의 소생이라는 뚜렷한 증거물을 내보이지 못했다. 이런 상황이 점점 히브리 부족과 가까워지는 계기가 되었다. 이스라엘 부족들 사이에서 모세 왕자가 히브리 혈통이라는 사실도 공공연한 비밀이었다. 그것을 믿고 싶어 하지 않고 고민을 거듭하는 자는 모세 자신뿐이었다.

의분으로 살인했어도

모세는 얼음장 위를 걷는 심정으로 나이 40세를 살고 있었다. 모든 것이 불분명하고 마음은 수없이 흔들리는 날들이었다. 이것이 이집트의 모든 명예와 권력을 버리도록 하나님이 흔들어 내시는 산통인 것을 모세는 몰랐다.

모세는 세상 학문에는 통달했지만, 하나님의 때를 기다리는 믿음은 없었다. 언제부터인가 히브리인이라는 확신이 들면서 전해 내려오는 이스라엘의 언약을 믿게 되었다. 하나님이 조상 아브라함과 맺으신 언약으로 이방에서 400여 년을 살다가 돌아온다는 것이다. 이제 얼추 그때가 되었고, 정체성을 의심받으며 사는 왕궁 생활보다는 히브리인들과 새 국가를 세우는 일이 훨씬 당당하고 마음 편한 일이라는 기대를 하게 되었다. 그러던 차에 살인 사건이 벌어진 것이다.

모세 왕자는 하(下)이집트 신도시를 건축하는 현장의 수석 책임자로 파견 나와 있었다. 지방 파견은 중앙 정치의 권력에서 밀려나는 일이었지만 이집트에서의 성공과 출세에 대한 꿈은 이미 버렸다. 그는 동족을 이집트에서 탈출시키는 일만 궁리하고 있었다. 왕궁의 입장에서는 그건 반역이었다. 그리고 배신이었다.

히브리인들은 일찍부터 공사장에서 땀을 흘리고 있었다. 더위를 피해 웃통을 벗어젖혔는데 땀으로 번들거렸다. 돌을 나르는 모습은 벌써 지쳐 있었다. 험상궂게 생긴 이집트 작업반장이 채찍으로 히브리 노동자를 후려갈겼다. 히브리인은 억울하게 당하고 주변에 이집트인은 없었다. "십계"는 히브리인이 당한 "원통한 일"(행 7:24)을 공사장에서 일을 돕던 여성 노동자 겁탈 시도로 묘사했다. 눈앞에서 성폭행을 시도하는 장면에 격분한 모세는 일단 주변을 돌아본 후에 자신의 히브리 혈통이 탄로 날 위험이 없음을 확인하고 살인을 했다는 영화적인 시각이다.

모세는 자신의 의분이 히브리인에게는 영웅적인 일로 회자할 것으로 믿었다. 제국의 황제만큼은 되지 못해도 신흥국 지도자로 사는 것도 나쁜 패는 아니었다. 하지만 동족들은 생각이 달랐다. 모세의 행동을 애국적인 일로 받아들이지 않았다. 동족의 하나가 어제의 살인 이야기를 꺼냈고, "너를 우리의 재판관으로 삼지 않았다"고 거절한다. 동족들은 오히려 비난하고 가까이하려고 하지 않았다. 모세에게 동조했다가 일족의 몰살을 당할까 두려워했을지도 모른다. 모세는 이집트인에게도 적이 되고 동족에게도 환영받지 못하고… 어쩌다 이런 일이 벌어졌을까.

40세는 사실 판단력과 행동에 미숙함이 있는 나이이다. 지적인 사고보다는 행동이 앞서는 연령이다. 세상이 모두 내 편 같고 내가 하는 모든 일이 의롭고 옳은 행동처럼 여겨져 자만한다.

모세에게 40세는 치기 어린 행위로 시작되었지만, 인생의 의미를 깨닫게 하는 나이가 되었다. 비로소 자신의 정체성을 인정하게 되었다. 그래서 이집트에서의 부귀영화보다 하나님의 백성과 함께 고난의 길을 선택한다(히 11:24-25). 나이 40세는 내가 누구이며 주어진 사명이 무엇인가를 자각하게 되는 나이였다. 그건 자기 행동에 책임을 지는 나이였다.

모세에게 40세는 인생에서 가장 외롭고 처량하고 야박한 시절이다. 그러나 단지 사람의 눈에 보이는 상황일 뿐, 모든 일은 하나님의 섭리 아래 벌어지고 있다. 호화로운 왕궁 생활에서 그를 고민하게 만드는 정체성의 혼란과 의심, 살인 사건이 없었다면 왕궁의 화려함을 쉽게 놓지 못했을 것이다. 모세는 처벌을 피해 갈 수 없다는 사실을 알았기에 망명의 길을 떠난다. 말이 망명이지 야반도주이다. 아니다. 투쟁이고 탈출이다. 그것은 알에서 깨어나는 순간이다.

광야는 하나님이 예비하신 길이다. 광야행은 이집트의 지도자가 아니라 광야의 지도자에게는 피할 수 없는 길이었다. 가나안의 지도자였다면 광야의 교생 실습은 없었을 것이다. 40년을 광야의 지도자로 살아야 할 운명이기에 하나님은 살인 사건을 통하여 광야로 빼내신 것이다. 광야는 그에게 학교이고 스승이고 수련원이었다. 그렇게 모세는 이집트 왕궁에서 광야로 내던져지고 광야학교 교실에서 교생 실습을 시작한다.

Part

2

떨림으로 시작된 그날의 부르심

Chapter 5

교생 실습 | 내던져진 광야, 거기서 만난 하나님

    모세는 이집트에서 광야로 던져졌다. 이집트는 그를 구해 주고 또한 그를 내던졌다. 사실은 던져진 것이 아니라 하나님이 인도하셨다. 여기에서 의문이 생긴다. 설령, 이집트 탈출의 지도자로 세워졌다고 해도 굳이 광야 40년의 공백을 만드실 필요는 없지 않았을까? 왕실에서 최고 교육을 받고 군대를 이끌었던 경험은 지도자로 손색이 없다. 그런데도 하나님은 굳이 이집트 왕실과 가나안 입성 사이에 광야 40년이라는 세월을 끼워 넣으셨다.

    여기에 대한 답은 이렇다. 하나님은 모세를 이집트는 물론 가나안의 지도자가 아니라 광야의 지도자로 세우셨다. 그는 광야에서 백성들을 이끌 지도자이다. 그래서 일찍 보내어 광야를 체험하게 하시고 광야를 해독하는 실력을 쌓게 하신 것이다. 양들을 대상으로 한 일종의 교생 실습이다.

교생 실습에서 얻은 지식

모세는 광야학교 교생 실습 기간에 지리를 익혔다. 불 기둥, 구름 기둥이라는 내비게이션이 있었지만, 구릉(丘陵)과 바위, 모래 등으로 이루어진 광야에서는 지리를 터득하지 못한다면 구릉에서 구르고 바위에서 떨어지고 떼죽음을 당할 수도 있다.

광야는 예측 불가의 땅이다. 비바람이 쳤다가 해가 쨍쨍히 내리쬐어 쓰러지게 만들고, 사막의 모래 폭풍은 거대한 산송장의 무덤을 만들기도 한다. 광야는 다양한 얼굴을 갖고 있다. 사나운 얼굴로 만난다면 목숨을 부지하지 못한다. 그러기에 광야의 목자들은 변화무쌍한 기후를 알고 있어야 한다. 그래야 목자도 살고 양무리도 살 수 있다.

광야에서 살아가려면 음식도 알아야 한다. 히브리인은 고센에서 목축으로 살았다. 음식도 양을 주재료로 하는 문화였다. 일시적이겠지만 광야에서 지내는 동안에는 양고기를 쉽게 먹을 수 없다. 양은 젖을 공급해 주고 그 틈새에서 자면 추위를 막아 주고 제사를 지내는 용도가 따로 있다. 만나가 하늘에서 40년간 내려왔고 메추라기도 종종 음식물이 되었지만, 전부가 아니다. 광야의 나물이 필요했고 양들에겐 틈바구니의 풀이 필요했다.

광야의 목자는 풀들의 이름은 물론 속성과 효능을 속속들이 알아야 한다. 풀은 다 먹을 수 있는 것이 아니다. 약초도 있지만, 독풀도 있다. 식용으로 쓰는 풀들도 있다. 사람이 먹는 풀, 가축이 먹는 풀이 있다. 보기에 좋은 풀이라고 먹어도 좋은 것은 아니다. 독초는 사람과 가축이 먹고 배탈을 앓거나 설사를 해 사망에 이르게도 한다. 이를 잘 분별해야 한다. 그것은 식물도감으로 배울 수 있는 것이 아니다. 직접 광야로 나가 보아야 한다. 꽃과 풀과 열매를 살펴보고 만져 보고 냄새를 맡아 보고 입에 넣고 씹어도 보아야 한다. 그래야 안전한 식물인지 알 수 있다.

광야에는 독성을 지닌 곤충과 위험한 짐승들이 있다. 굶주린 맹수는 거침없이 달려들어 물고 뜯고 생명을 위협한다. 광야에 서식하는 불뱀은 맹독성이 강해 물리면 즉시 온몸에 높은 열이 나며 죽어 간다. 더 위험한 것은 산악 지대의 부족이다. 목초지를 따라 돌아다니다 생존을 위해서는 망설임 없이 산적을 자처하기도 했다. 산적은 아니어도 아말렉과 미디안이 사방 곳곳에서 촌락을 이루며 살았다. 그들은 이해관계에 따라 언제 공격할지 몰랐다. 훗날, 모세가 그들과 싸워 승리할 수 있었던 것은 하나님의 도우심 때문이었지만, 40년 동안 그들의 동태를 살핀 바 있기에 잘 대처할 수 있었다.

미디안은 광야 생활 초기에는 우호적이었으나 나중에는 이스라엘의 행진을 훼방했다. 모세는 미디안 부족과 살면서 그들의 속성을 낱낱이 파악해 두었다.

베두인들도 안심할 수는 없다. 그들은 가축을 먹일 풀을 찾아 부족 단위로 움직이며 오아시스에 자리를 잡는다. 반(半)정착 유목민으로 풀이 많은 봄의 우기에 사막으로 이동하고 가을이 되면 정착지로 돌아온다. 식량은 정착지에 의존하지만 고기와 털을 식량과 교환하기도 한다. 그들은 추적의 달인으로 발자국만 보고도 남자가 걸어갔는지, 여자가 걸어갔는지, 임신부가 걸어갔는지 알았다. 적을 교란시키는 일에 이런 지식을 이용한다. 발을 끌거나 걸음걸이를 불규칙적으로 만들어서 모랫바닥에 찍힌 발자국이 누구의 것인지 알지 못하게 만드는 식이다. 모세는 광야에서 이런 지식 대부분을 습득했다. 광야를 해독하는 기술을 얻을 수 있었던 것은 교생 실습의 효과이다.

 모세가 이집트의 지도자라면 굳이 광야로 내던져지지 않았을 것이다. 광야의 지도자가 될 재목이기에 광야를 배워야 했기에 광야로 던져졌다. 광야의 경험이 없이 인솔자가 되었다면 백성들을 가나안 입구까지 온전히 인도해 내지 못했을 것이다. 하나님은 광야의 지도자가 되기에 앞서 눈여겨 배우라고 출애굽의 백성들보다 40년을 먼저 광야로 보내어 고독 중에 훈련을 시키신 것이다.

 모세는 광야에서 새 모델의 리더십도 갖추어야 했다. 광야 교회에는 끼어든 잡족(출 12:38) 외에도 별의별 인종들이 모여들었다. 이들을 40년이나 인도했다는 것은 보통의 인내와 성실이 아니다. 그 인내와 성실은 온유함에서 나왔다. 모세는 처음부터 온유한 사람은 아니었다. 성질이 급했고 직선적이었다. 이집트에서의 권력과 지휘관 생활은 명령과 복종만이 있을 뿐이었다. 이런 성질로 백성들을 이끌면서 매질을 하고 칼을 휘둘렀다면 남아나지 않았을 것이다.

모세는 양을 치면서 왕실 리더십이 아니라 선한 목자 리더십을 배워 갔다. 미디안 광야에 리더십을 가르쳐 줄 선생은 없었고, 교생 실습에 함께해 줄 학생들도 없었다. 매일 몰고 다니는 양들이 학생이었고, 양들의 습성에서 앞으로 만나게 될 백성들의 성질을 익혀 나갔다. 백성들이나 양들이나 같은 습성이라는 것도 광야에서 배운 지식이다.

양들에게서 백성들을 알다

필립 켈러(Phillip Keller)는 《양과 목자》(생명의말씀사, 2018)에서 양 떼의 습성을 자세히 설명한다. 양들에게는 묘한 습성이 있는데 그 조건을 충족시켜 주지 않으면 눕지 않는다고 한다. 그러므로 목자는 그 상황을 알고 있어야 한다. 양들은 두려움이 있으면 눕지 못한다. 겁이 많아 두려움에서 벗어나지 않으면 초장이 좋아도 눕지 않는다. 한 마리가 놀라서 달아나면 덩달아 도망한다. 목자가 보이면 안심해서 눕는다. 경험적으로 목자를 신뢰한다. 사방의 위험에서 지켜 주고 염려에서 벗어나게 해 줄 수 있는 것은 목자밖에 없다는 것이다.

양들은 싸움이 그치지 않으면 눕지 않는다. 동물 사회에도 지배 계급이 있다. 닭들 사회에서는 쪼는 순위, 소와 염소 사회에서는 뿔로 받는 순위, 양 떼에서는 몸으로 밀어붙이는 힘이 계급을 만든다. 그러다 보니 순한 양 떼 사회에도 긴장, 경쟁, 알력, 적대 의식이 있다. 이런 긴장이 있으면 편안히 잠들지 못한다. 누워 있어도 자기 몸과 영역을 지키기 위해 예민하고, 누가 내 땅으로 들어오면 언제라도 몸으로 밀어내려고 긴장을 늦추지 않다 보니 잠을 설치게 되고 편히 눕지 못한다.

이런 일로 양들은 늘 긴장하며 불만이 쌓이고 안정을 취할 수 없게 된다. 그 결과, 체중이 줄고 신경이 예민하면 암양은 새끼를 사산한다. 이런 양도 목자만 나타나면 신기하게도 경쟁의식을 버린다. 목자가 영역을 지켜 준다는 확신으로 편안히 눕는다.

말라리아, 쇠파리, 진드기 등의 기생충으로 괴로움을 당해도 눕지 못한다. 심한 간지럼에 발을 구르며 머리를 흔들어 대며 기생충을 몸에서 떼어 내려고 덤불 속으로 뛰어든다. 자해인 셈이다. 목자가 구충제를 사용해서 해충을 없애 줄 때 양들은 눕게 된다. 또한 양은 배부르게 꼴을 먹어야 눕는다. 아무리 쾌적한 환경이어도 배가 부르기 전에는 눕지 않는다. 양이 울고 있다면 배가 고프다는 증거이다. 그런 양에게는 하나라도 더 주어야 한다.

모세는 양의 습성을 익혀 가면서 명령하는 리더십을 버리고 섬기는 양치기 리더십, 목자 리더십을 배웠다. 그때는 몰랐다. 광야의 지도자로 거듭나면서 미련한 양처럼 제멋대로 행동하는 우둔한 백성들을 보며 그제야 진정한 리더십을 터득하게 된다. 목회자가 가져야 할 리더십이다.

이렇게 양들에게는 목자가 전부이다. 목자의 수고로 배가 부르고, 안전을 확신하고, 해충이 주는 고통에서 해방되고, 눈을 떠 보면 지팡이에 기댄 목자가 높은 곳에 앉아서 자신을 지켜 주는 그 모습에 안심하고 잠이 든다. 모세는 양들과 40년을 함께하면서 목자의 온유와 인내를 배웠다. 백성들을 품고 인내하고 사랑하는 법을 배웠다. 백성들이 원망하고 불평할 때마다 호렙의 들과 산에서 먹이던 양들을 떠올리며 참고 참아 내었다.

모세는 태어나면서 이집트 왕실 일원이 되어 40년을 이집트의 농경 사회에서 자랐고 광야의 교생 실습으로 유목 사회에서 많은 것을 익혀 나갔다. 앞으로 백성들을 이끌고 들어갈 광야 40년은 유목 사회였고 이스라엘이 들어갈 가나안은 농경 사회였기에 모세는 농경 사회와 유목 사회 양쪽 모두를 이해하는 실력을 쌓으며 지도자의 자질을 차곡차곡 준비해 나갔다.

그렇게 광야를 익혀 가는 동안 하나님의 능력도 알게 모르게 스며들었다. 드디어, 수련 시간 40년이 끝났을 때 교생 실습도 끝났다. 하나님의 깊은 섭리와 건짐을 확신했다면 40년의 세월을 더 많이 기도하며 하나님을 경배하며 살았을 것이다. 그렇게 절망적인 삶을 살지는 않았을 것이다. 광야로 던짐을 받는 아픔이 있었기에 위대한 지도자로 건짐을 받은 것이다. 그가 건짐을 받은 순간이 바로 떨기나무 앞에서이다.

Chapter 6

떨기나무 | 하나님이 불붙여 주시면 빛이 된다

미디안은 근동의 고대 부족이자 지역 이름이다. 아브라함의 후처 그두라의 소생이다(창 25:1-4). 아브라함은 상속자 이삭과 구별하기 위해 미디안을 요르단강 동쪽으로 보냈고, 그들은 본토민과 하나가 되어 미디안 민족으로 발전했다.

모세는 광야를 정처 없이 헤매다 미디안의 제사장 이드로(르우엘)의 딸들을 만나고 장녀 십보라와 결혼한다. 이집트 제국의 왕자가 하루아침에 떠돌이가 되고 양치기 처녀의 남편이 되었다. 미모의 왕궁 여인들 사이에서 살아온 모세였기에 십보라가 눈에 찼을 리가 없다.

설교가 담아내지 못하는 40년

이집트 여인의 화장술은 일찍부터 발달했다. 특히 눈 화장을 중시했는데 눈가에 '코올'이라 부르는 검은색 아이라인을 그렸다. 아름다움과 함께 햇볕에 타는 것을 방지하기 위함이다. 화장하지 않은 눈은 악마의 공격에 취약하다 여겼기에, 화장은 단순한 미용만이 아니라 생활에 필수였다. 입술에는 붉은색이나 동물 지방에 색료를 넣어 만든 푸른색을 립스틱처럼 발랐다.

　이집트 파라오 왕조의 주요 계보에 속하지 못한 프톨레미 왕조의 클레오파트라(Cleopatra) 여왕은 꽃, 황토, 물고기 비늘, 으깬 개미, 밀랍, 카민 등으로 만든 독특한 붉은색 립스틱을 바르고 뺨을 생기 있게 보이려고 붉은색으로 칠했다고 한다. 여인들은 피부에 막대한 공을 들였는데, 동물성 지방으로 만든 크림과 오일을 바르면서 주름이 생기지 않도록 유지했다. 좋은 향기는 신성한 것이라고 믿었기에 백단향, 백합, 창포, 유향, 몰약과 같이 꽃 등에서 추출한 재료들을 사용해서 향수를 제조하기도 했다. 햇볕에 타지 않아 하얗고 매끄러운 피부는 고귀한 상류층의 상징이나 다름없어서 일부러 피부에 엄청 신경을 썼다.

　이리도 아름다운 왕실 미인들을 대하다 햇볕에 검게 타고 촌티가 나는 양치기 여인과 살면서 모세는 행복했을까? 십보라는 미디안 여인답게 강한 성격으로 보인다. 이집트로 돌아가는 도중에 할례 사건으로 남편인 모세와 긴장 상태에 놓이기도 했으며(출 4:24-26), 두 아들과 친정으로 돌아가 버릴 정도로 대가 센 여성이다. 그래서 십보라를 잃은 후에 모세가 순종파 쿠스(구스) 여인과 쉽게 재혼했는지도 모른다. 그만큼 광야로 도망치고 낙심한 상태였고 달리 뾰족한 수도 없어 이드로의 청혼 제안에 마지못해 응한 것 같다. 그렇게 별다른 일도 희망도 대책도 없이 살았기에 미디안 40년 장기간의 생활은 출애굽기 한 장(3장), 그것도 절반의 장으로 생략해 버리고 만다.

모세를 설교할 때 이 40년을 담아내지 못한다. 성경 기록도 정보도 부족하기 때문이다. 이드로의 사위로 살았던 그 시절은 희망이 죽은 세월이었다. 그나마 두 아들이 위로는 되었지만, 이집트에서의 신분과 영광이 워낙 찬란했기에 왕궁의 끈을 쉽게 놓을 수가 없었다. 모세에게 40대 이후의 40년은 그렇게 탄식과 울분의 세월이다.

새벽 일찍 양들과 나가면 2-3일을 초원에서 지내고, 풀이 좋으면 한 달도, 때로는 겨울철을 피하여 몇 달을 집을 떠나 있기도 했다. 이집트 거주 동족에게 배신당했다는 분노, 왕궁 생활에 대한 그리움, 공주 어머니와 왕자 사촌들, 벗들과의 손절로 공황 상태였다. 때로는 화가 나서 애꿎은 양들에게 분풀이도 해 보고 소리도 질러 보지만 삭아 들 분노가 아니었다. 그게 10년, 20년의 세월이 흐르면서 조금씩 잊혀 가고 이집트를 향했던 기대감도 희망도 사라졌다.

누구에게나 호렙은 있다

그렇게 살아가던 날, 여느 때처럼 호렙산을 올랐다. 80세 안

퍆으로 보이는 얼굴에는 표정이 없다. 고통도 기쁨도, 낙심도 희망도 없는, 오랜 세월을 광야에서 살아온 목부(牧夫). 많이 지쳐 있는 얼굴이다. 이집트는 그를 잊어버리고 모세는 이집트를 잊어버린 세월이다.

호렙산. 시나이(시내) 광야 산악 지대에 있는 해발 2,285미터의 높은 산이다. 훗날 모세가 십계명을 받은 시나이산으로 보는 것이 일반적이다. 평지보다 계곡이나 비탈에 풀이 많기에 양들과 오르내리고 산 중턱에서 며칠을 양들 사이에서 보내기도 했다. 처가살이, 무미건조한 결혼 생활, 희망이 없는 직업…. 이집트 궁궐의 삶과 비교해 볼 때 호렙산은 절망 그 자체이다.

수백 년이 흐른 뒤 엘리야가 낙심되어 호렙산을 찾았다. 바알 선지자들과의 대결에서 승리해 놓고도 이세벨의 명령에 압도당하여 도망 나온 것이다. 그는 피곤과 극심한 두려움으로 지칠 대로 지쳐 있었다. 얼마나 절망이 컸으면 하나님께 "나를 죽여 주세요!" 하소연했을까(왕상 19:1-10).

누구에게나 호렙산은 있다. 노회 때마다 만나는 개척 교회, 미자립 교회 목회자들의 지친 얼굴, 어촌 교회 목회자들의 무기력감을 토하는 편지, 고령 신자들 몇 분과 희망도 없이 교회를 지키는 농촌 목회자들…. 모두 신학교에서 목사 수업을 받을 때는 희망에 부풀었다. 모세가 왕실에서 세계를 호령하는 희망으로 불탔던 것처럼 그들 역시도 중대형 교회 담임목사가 되고, 부흥사가 되고, 외국 유학도 하고, 방송 설교가가 되어 성공한(?) 목회자의 대열에 서고자 하는 희망에 불탔던 날들이다. 우리가 신학교 다니던 시절의 이야기이다. 그러나 지금은 열 명, 스무 명 성도들을 상대로, 호렙산을 오르던 모세처럼 힘겨운 날들을 보내고 있다.

모든 사람의 젊은 날에는 왕자처럼 공주처럼 살고 싶은 꿈들이 있었다. 결혼 생활은 꿈같을 것이며 아이들은 사랑스럽고 자랑스럽게 자라날 것이다. 사람들에게 존경과 부러움을 받을 것이다. 그러나 세월은 우리를 호렙산으로 인도했다. 삶은 무의미하고, 꿈은 이루어지지 않고, 현실은 불만으로 가득 차 있다. 이렇게 맥없이 하루하루를 살리라고는 생각도 못했다.

그러나 호렙산은 하나님의 위대한 프로젝트가 진행되고 있는 산이다. 사람의 시간 '크로노스'(Chronos)와 하나님의 시간 '카이로스'(Kairos)가 같이 흐르고 있다. 크로노스가 모두에게 동일하게 적용되는 물리적, 객관적 시간이라면, 카이로스는 약속을 지키시는 하나님의 시간표이다. 하나님은 카이로스의 시간표 일정에 맞게 모세를 그렇게 지루하고 외롭고 힘겨운 시간 속에서 은밀히 리더로 양육하고 계셨다.

미디안은 시나이반도에서 가장 높은 지대이지만 비옥한 골짜기들이 있어 목자들이 선호했다. 양들은 온종일을 먹어도 배가 부르지 않는지 계속 풀을 찾아 이동한다. 모세는 물끄러미 양들을 바라보다 무심코 고개를 들었는데 떨기나무가 눈에 들어온다. 광야에서 자생하는 '가시덤불'이다. 고상하고 당당한 나무들과는 대조적으로 앙상하고 볼품이 없어 존재감이 없다. 떨기여서 그늘도 향기도 열매도 없는 데다 재목(材木)도 관상용도 아니다. 누구도 거들떠보지 않는 초라한 나무, 그 떨기나무에 불이 붙어 사라지지 않았다.

> 여호와의 사자가 떨기나무 가운데로부터 나오는 불꽃 안에서 그에게 나타나시니라 그가 보니 떨기나무에 불이 붙었으나 그 떨기나무가 사라지지 아니하는지라 출 3:2

얼마나 신기한 광경이면 모세가 "떨기나무가 어찌하여 타지 아니할까", 혼잣말을 하며 큰 광경을 보겠다며 다가갔을까. 그만큼 놀랍고도 희한한 광경이다. 떨기나무는 상징성을 갖는다. 앙상한 떨기나무, 볼품없는 떨기나무는 히브리인들의 이집트 종살이 신세의 처량함을 보여 준다.

떨기나무와 가시나무

모세의 형편 역시 초라한 떨기나무이다. 아무짝에도 쓸모없는 모세나무! 초라한 떨기나무처럼 꼴이 말이 아니다. 낮은 자존감, 왜곡된 자아상, 삐딱한 심리 상태, 자기 부정, 섭섭병, 잘못된 비교 의식…. 나이 80세는 새롭게 일을 시작하기에는 너무 늦은 나이이다.

여호와께서 그를 지도자로 세우려 하셨을 때 모세는 그런 자신의 처지를 알았기에 "오 주여 보낼 만한 자를 보내소서"(출 4:13) 하며 손사래를 치면서 "아니하며 … 아니하고 … 아니하셨다 …"(출 4:1), 이렇게 부정 언어의 반복으로 그동안의 불평과 섭섭함을 털어놓는다. 떨기나무도 이런 떨기나무가 없다. 그만큼 잔뜩 화가 나 있고 섭섭하고 외로운 떨기나무였다. 할 수 있는 것이라고는 양을 치고 처자식을 먹여 살리는 일밖에 없다. 왕자 신분이던 지난날을 생각하면 너무도 무기력해서 스스로도 한심한 처지이다.

그런데 모세에게 인생의 전환점, 터닝 포인트가 일어난다! 하나님의 부르심에 다섯 번이나 사양과 거절 끝에 더는 달아날 수 없어 "아멘!" 하여 순명(順命)을 따르기로 한다. 히브리 부족은 앙상한 떨기나무 처지이다. 봐 주는 이가 없고 하나님조차 외면하고 잊어버리셨다고 생각되는 세월, 앙상한 떨기나무에 불과한 부족, 장정 60만이면 뭐 하나, 희망도 없고 열정도 없는 남자들…. 모세는 이들에게 불을 붙여 주는 불붙은 떨기나무가 되기로 했다.

하나님이 떨기나무 같은 히브리인을 가나안 왕국의 백단목 백성들로 만들려고 오셨다. 불 꺼진 심장에 살아 움직이는 불을, 꺼져 버린 기도 가슴에 기도 불을, 섭섭병으로 찌든 심령에 감사와 행복의 불을 붙이는 부지깽이로 모세를 부르신 것이다. 대단한 불이다.

공학자인 존 베일런트(John Vaillant)는 《파이어 웨더》(곰출판, 2025)에서 "오늘날 인류의 가장 강력한 위협은 불"이라고 말한다. "불의 시대가 도래하면 그 어떤 것도 돌이킬 수 없다"면서 불은 세상을 삼키려고 언제라도 살아 있으니 조심하라고 경각심을 일깨워 준다. 일찍 그보다 더 강력한 불이 있었다. 호렙의 불은 떨기나무와 산은 태우지 않았지만 모세는 태웠다. 모세만 아니라 그의 좌절과 낙담과 불순종의 의식을 태워 버린 초강력 부흥의 불길이다.

'시인과 촌장'의 하덕규 목사님이 '2025 아티스트 개더링'에서 크리스천 예술가의 마음가짐에 대해 설교하며 간증을 했다.

2010년 겨울 크리스마스였습니다. 건강검진 결과를 보러 병원에 갔는데 의사가 컴퓨터 화면을 보더니 잠시 말을 잇지 못하더라고요. 3기로 향하는 위암이었습니다. 소식을 들은 아내가 펑펑 울기에, 괜찮다고 잘 회복할 거라고 위로하곤 작업실로 왔어요. 머릿속에 선명하게 두 가지 질문이 들어왔는데 답을 하지 못하겠더군요. 충격이었습니다.

하 목사님은 크리스천 예술가로서, 목사로서, 교수로서의 고난과 인내의 여정을 소개하며 간증을 마쳤다.

주님은 가시나무 같던 제게 인내와 사랑의 마음을 새겨 주셨어요. 고난은 우리를 순결한 신부로 빚어 갑니다. 무대 위 경건의 모습이 남아 있더라도 본질을 잃는다면 먹고사는 직업에 머무를 뿐입니다. 마음과 뜻과 목숨을 다해 그분을 향한 노래를 불렀으면 좋겠습니다.

하 목사가 병든 자신을 가시나무라 말했다면, 모세는 그보다 더 초라한 떨기나무였다. 하지만 이젠 사정이 달라졌다. 그냥 떨기나무가 아니라 불이 붙은 떨기모세나무로 솟아오른다. 그 떨기나무의 불이 불 기둥, 구름 기둥으로 이어진다. 하나님이 모세의 생애에 불이 되어 들어오신 것이다. 그만큼 여호와를 경험하고 접속된 사람은 불이 붙은 떨기나무가 된다. 여호와는 불을 붙여 주시는 분이다. 그러기에 불이 되려면 여호와를 제대로 알아야 한다.

Chapter 7

여호와 | 내가 너를 불꽃 인생으로 살게 하리라

　이 책을 쓰면서, 옥스퍼드 대학교 생물학과 팀 콜슨(Tim Coulson) 교수의 《존재의 역사》(오픈도어북스, 2024)를 읽었다. 우주에서 우리로 이어지는 138억 년의 거대한 역사를 탐구한 책이라고 해서 관심 두고 읽어 보았다. 과학도에게는 방대하고도 학술적인 내용으로 도움이 되겠지만 창조주 여호와의 존재를 믿고 사는 내게는 과학서 중의 한 권이었다. 전문적인 과학 단어와 난해한 내용으로 이해가 어렵기도 했다.
　책을 덮으면서 생각했다. 과학자들은 우주와 인간의 존재를 규명하기 위해 평생을 수고하고 노력하는데 그리스도인인 우리는 전문적인 단어와 학술 내용은 몰라도, 천지는 여호와 하나님이 창조하셨고 인간은 하나님의 형상으로 지음을 받은 존재라는 사실을 알고 그 안에서 삶을 꾸려 나가는 것이 얼마나 행복한 일인가를 더욱 확신하게 되었다.

이스라엘 종교 발전의 두 단계

여호와의 '존재의 역사'를 쓰고 인류에게 알려 준 이가 다름 아닌 모세이다. 모세 하면 이스라엘 백성의 구원자요, 이집트 탈출의 선봉자, 광야 40년을 인도한 영웅, 그만큼 우리와는 별 인연이 없는 사람으로 알지만, 사실은 누구보다도 은인이다. 모세가 하나님의 존재를 먼저 알고 기록으로 남겨 멀리 떨어져 있는 우리에게도 알려 주었기 때문이다. 사람들은 천지를 창조한 조물주를 믿지만 막연하다. 구체적으로 그 '존재의 역사'를 모르니 조물주를 믿으나 설명하지 못한다. '하늘님은 그럴 것이다'라는 가정 아래 만들어진 종교 상상의 산물이기 때문이다.

성경학자들은 이스라엘 종교 발전에 두 단계가 있었다고 한다. '족장의 단계'와 '모세의 단계'이다. 그러니까 족장들이 이해했던 하나님과 모세가 이해한 하나님 사이에 차이가 있다는 말이다.

족장들 대부분은 하나님 엘로힘(Elohim)을 가나안 원주민의 으뜸가는 엘(El) 신과 유사하게 여겼다. 하나님의 계시가 족장들에게는 그 정도였고 이집트에 살던 히브리인이 그 수준이다. 그들은 시조 아브라함을 불러 주신 부족의 신을 믿었다. 그 신을 아브라함으로 부족을 조성하게 하시고 언약을 맺으시며 자기 백성을 보호, 공급, 창성케 하시는 부족의 신으로 인식했다. 하나님이라는 이름은 얻었지만, 구체적으로 정확한 개념은 몰랐다.

모세는 이집트에서 여러 신의 존재를 익혔을 것이다. 이집트는 종교 국가이다. 이집트의 대표적인 3신은 아몬(Amun), 라(Ra), 프타(Ptah)이다. 양모인 하트셉수트는 부왕 투트모세 1세와 위대한 신 아몬 라(Amun-Ra), 태양신 라 호라크티(Ra-Horakhty), 죽음의 신 아누비스(Anubis)를 경배했다. 이런 종교적 영향을 모세는 받았을 것이다. 이집트만 아니라 중동을 비롯한 세계에 민족 신이 있다. 대표적인 신과 함께 다양한 신들을 함께 믿었다. 모세도 이집트의 여러 신들에 대한 지식이 있었으며 어린 시절 출입했던 고센의 식구들을 통해 히브리인의 신에 대한 관심도 있었다.

그러다 광야로 피신해서 미디안 부족과 살았다. 아브라함의 서자 미디안은 그 슬하를 떠났지만, 여호와에 대한 신앙을 어슴푸레 지니고는 있었다. 이드로가 모세에게 한 말을 보면 그렇다. 이집트를 무사히 탈출했다는 소식에 이드로는 딸과 두 손자를 데리고 찾아왔다. 여호와께서 구원하신 놀라운 상황에 "이제 내가 알았도다 여호와는 모든 신보다 크시므로 이스라엘에게 교만하게 행하는 그들을 이기셨도다"(출 18:11)라고 인정하며 노래한다.

이드로는 분명 하나님을 알았다. 그렇지만 그냥 '하늘님'이다. 아직 여호와까지는 알지 못했다. 모세 역시도 그랬을 것이다. 친모를 통해 이스라엘의 하나님을 알았지만 '여호와' 하나님 수준은 아니다. 족장들이 믿고 살았던 하나님의 존재를 어렴풋이 알았으나 구체적인 사실까지는 알지 못했다. 그러다가 호렙산에서 신의 음성을 듣는다. 그 신은 조상의 하나님, "아브라함의 하나님, 이삭의 하나님, 야곱의 하나님"(출 3:6)이라고 실체를 밝히신다. 그래도 그만한 신 지식으로는 부족했다. 그 정도는 이미 알고 있었던 정보였다.

모세, 하나님을 소개하다

모세는 구체적으로 조상들의 신을 알고 싶었다. 체험하고 싶었고 온몸 가득히 경험하고 싶었다. 상대를 알려면 통성명부터 시작해야 한다. 그래서 정면으로 그 이름, 그 속성을 여쭈었다. 위대한 질문이다. 위대한 질문에서 위대한 답이 나온다. 그러기에 인생살이에서 성공하려면 좋은 질문을 좋게 질문하는 법을 알아야 한다. 그래야 좋은 질문에 좋은 대답이 나오고, 위대한 질문에 위대한 답이 나온다. 모세는 위대한 질문을 한 것이다.

> 너희의 조상의 하나님이 나를 너희에게 보내셨다 하면 그들이 내게 묻기를 그의 이름이 무엇이냐 하리니 내가 무엇이라고 그들에게 말하리이까 출 3:13

한마디로 "누구세요?(Who Are You?)" 한 것이다. 대단한 사람이다. 외국 대통령 앞에서 "이름이 무엇입니까?" 하고 묻는다면 보통 배짱이 아니다. 모세가 그와 같은 질문을 던진 것이다. 그랬더니 하나님이 이름을 알리신다. 드디어 하나님의 이름과 속성이 신비의 베일을 벗고 온 세상에 드러나는 순간이다.

나는 스스로 있는 자이니라 출 3:14

이 말씀은 "나는 나다!", "I Am", 혹은 "I Am Who I Am"이다. "나는 늘 그런 상태로 있는 나다", "어디에 있든 나는 나다"로 번역된다. 온 우주에 여호와라는 이름이 공식적으로 선을 보이고 들어오는 순간이다. 막연했던 창조주의 이름을 모세가 세상으로 불러들인 것이다.

모세는 얼마나 대단하기에 여호와의 이름을 소개하는 사람이 되었을까? 창세기에서는 우주 만물의 '시작'을 알리고 출애굽기에서는 여호와의 '이름'을 알린다. 그 어떤 과학적 사실, 의학의 신약, 우주의 신비보다 가장 원초적이고 근본적인 사실을 세상에 알려 준다. 이집트에서 보였던 재앙들, 홍해를 가르고 반석에서 물을 내고 광야에서 백성들을 먹이고 살린 일보다 훨씬 더 큰 능력이며 우주의 신비 중에서도 으뜸가는 지식이요 비밀이다. 인류에 대한 공헌이다. 모세의 위대성은 바로 그런 면에서 어느 시대의 인물이든 타의 추종을 불허한다.

'나는 스스로 있는 자', 즉 '야훼', '여호와', 이 단어 속에 하나님은 누구신가, 하나님에 관한 모든 내용이 들어 있다. 단어 하나로 하나님을 '모두' 설명한다는 것은 어림도 없지만 '빙산의 일각'으로 어렴풋이 계시가 되던 여호와 하나님이 전부를 드러내신다. 물론 사람의 지식으로 이해할 수 있는 분량이다. "나는 스스로 있는 자", 즉 '여호와'라는 이름은 자존자이시기에 출생과 성장과 죽음이 없다. 그러므로 영적인 분이시고 본질에서나 계획과 섭리에서 변함이 없다. 이런 속성을 지니신 여호와는 무소부재하시며, 그렇기에 우주에 한 분 유일하신 여호와이시다라는 사실을 말해 주고 있다. 모세가 그 일을 한 것이다. 여호와에 대한 지식이 '족장의 단계'에서 '모세의 단계'로 넘어선 지점이 바로 여기이다.

모세는 인류사의 분수령이다. 모세 이전에는 하나님은 정식으로 당신의 속성을 밝히지 않으셨다. 모세가 인류 역사에 처음으로 하나님께 단도직입적으로 하나님이 누구신가, 그 개념을, 답을 끌어낸 사람이다. 지금까지 누구도 하나님의 속성에 대해 세밀히 알지 못했다. 하나님의 존재는 아는데 여호와 하나님이시라는 분이 구체적으로 어떤 분이신가는 알지 못한 것이다.

운명이 부여하는 역할

하나님이 모세에게 지금 서 있는 곳은 거룩한 땅이니 신을 벗으라 명하신다(출 3:5). 쉽게 응할 수 있는 간단한 명령이 아니다. 그냥 엎드리거나 신발을 벗을 수도 있다. 그러나 호렙이 거룩한 땅이라는 사실만큼은 쉽게 동조할 수가 없다. 목자에게 신발은 지팡이와 함께 필수적이다. 모세가 얼른 신을 벗었다는 기록은 없다. 하나님 뵈옵기를 두려워하여 얼굴을 가린(출 3:6) 것으로 보아 주춤거리다 순종은 했을 것이다. 하지만 그 정도로는 여호와의 불이 붙지 않는다. 아직은 여호와 신에 제대로 접속되지 않았기 때문이다. 불이 붙지 않았으니 맨 정신으로는 이집트로 가라는 명령에 즉시 순종하지 못한 것이다.

모세는 '스스로 있는 자' 여호와에 대한 지식은 얻었다. 전설처럼 신화처럼 민담처럼 전해 내려오던 여호와에 대한 생생한 지식이다. 하지만 아직은 경험된 여호와 신앙은 아니다. 불은 머리에 있지 않다. 불은 뜨거운 가슴에 있다. 지식으로는 뜨거워질 수도 없고 순교할 수도 없다. 하나님을 머리로 알고 가슴으로 경험하고 체험해야 한다. 모세는 하나님을 지식적으로는 알았지만, 여호와 하나님을 실질적으로는 만나지 못한 상태이다.

하나님은 계속되는 거절에 이번에는 지팡이를 던지라 하신다. 지팡이는 40년의 동반자로 모세의 유일한 무기이자 기술이다. 그나마 삶의 의미이다. 하나님은 그것을 놓으라고 하신다. 이어 지팡이가 뱀으로 변하고 하나님은 뱀의 꼬리를 잡으라고 하신다. 뱀은 꼬리를 잡는 게 아니다. 잡으려면 머리를 잡아야 한다. 하나님은 비이성적인 명령을 하고 계신다. 모세로 바닥까지 내려 앉히고 영점(零點)에서 시작하라는 것이다. 그의 지식, 야망,

분노, 외로움, 섭섭함, 무기력감… 모든 것을 호렙에 내려놓고 다시 시작하라는 메시지이다. 모세는 미디안 광야에서 40-80세까지 살았다. 인생의 후반전이다. 게임은 끝나고 있었다. 인생의 역전은 일어날 수 없는 늦은 나이이다. 그래서 말끝마다 거절한다.

하나님은 모세의 거듭되는 사양과 거절에 화를 내셨다(출 4:14). 열등감, 자격지심, 낮은 자존감에 화를 내신 것이다. 하나님은 죄를 지을 때만 화를 내시는 것이 아니라 자격지심의 장소에서 나오지 못할 때 화를 내신다. 내면에 있는 교만을 보신 것이다. 교만은 겸손으로 가장해도 교만이다. 내가 주인 노릇을 하고 있으면 겸손한 말도 교만이다. 하나님이 야단을 치시며 뱀도 되고 지팡이도 되는 능력의 지팡이를 보여 주시고 들려주시니 그제야 모세는 부르심에 응한다.

영국 빅토리아 시대의 예술 평론가 존 러스킨(John Ruskin)은 "어떤 사람도 하나님이 일을 정해 주시지 않는 사람이 없고, 또한 그 일을 성취하기에 알맞은 힘을 주시지 않는 사람도 없다"라고 말한다. 딱 모세를 두고 하는 말이다. 모세는 이집트행을 결심한다. 떨기나무가 희망을 만들어 내는 하나님의 프로젝트였다. 하찮다고 여기던 떨기나무를 통하여 출애굽 역사는 시작된다.

베리 클레이브 하멜(Berry C. Hamel)은 "사람의 진가가 발휘되는 것은 자기가 원하는 역할을 할 때가 아니라 운명이 부여하는 역할을 할 때이다"라고 말했다. 5천 원 지폐를 접어 5만 원에 이어 붙이면 순식간에 5천만 원짜리 지폐가 된다. 접속의 힘이다.

모세, 불꽃 인생으로 사용하실 하나님께 순종하기로 다짐했다. 운명이 부여하는 역할에 삶을 맡긴 것이다. 그는 불타는 떨기나무 자아상을 가졌다. 그런 마음으로 이집트를 향하여 발걸음을 내디딘다. 이집트, 오랜만에 그 이름을 불러 본다.

Chapter 8

이집트 | 기적은 준비된 사람에게 나타나는 법

40여 년 만의 귀향이다. 나일강은 변함없이 유유히 흐르고 갈대와 파피루스, 야자수들도 풍성함을 여전히 드러내고 있다. 칼 한 자루를 품고 도망쳤는데 지금은 지팡이를 들고 돌아왔다. 대군을 통솔하며 적들을 무찌르던 용맹스러운 장군의 칼보다도 엄청난 능력을 지닌 무기이다. 아직은 모세조차도 그 능력의 깊이와 높이와 넓이를 가늠하지 못한다.

모세는 여호와께서 광야에서 키워 내신 전사였다. 아직은 감지하지 못했기에 발걸음은 결코 가볍지가 않다. 갇혔던 광야에서 하나님의 불이 그를 끌어냈다. 여호와께서는 삶의 동력이고 에너지가 되었다. 그는 불을 갖고 이집트로 돌아온 것이다. 과연 이집트 제국과 대항해서 이스라엘 동족을 탈출시키는 사명을 완수할 수 있을까? 그러기에는 이집트는 너무 크다.

고대 이집트의 명칭은 '검은 땅', '홍수의 나라'를 뜻한다. 아프리카 북동쪽에 위치하며 나일강을 중심으로 펼쳐 있다. 동쪽으로는 홍해, 서쪽으로는 리비아 사막, 남쪽으로는 폭포와 푸르른 골짜기들이 무성하다. 북쪽으로는 지중해와 연결된 삼각주(델타) 지역을 형성했기에 일찍부터 문명 사회를 이루어 냈다.

이집트는 나일강을 중심으로 도시를 이루었다. 강물이 남쪽에서 북쪽으로 흘러 지중해로 빠져나가기에 일반 강물과는 달리 아래쪽이 강의 상류이고, 위쪽이 하류이다. 아래쪽(남쪽) 지방은 상(上)이집트, 위쪽(북쪽) 지방은 하(下)이집트이다. 상이집트의 중심 도시는 테베, 하이집트에는 멤피스와 알렉산드리아가 있다. 하이집트가 풍요로운 삼각주 지대이다 보니 인구도 많고 부유했다. 토박이 중심으로 이루어진 상이집트도 만만치가 않아 끊임없이 하이집트 왕실과 경쟁하는 구도를 보여 왔다.

이집트는 히브리인의 자궁

성경에서 '애굽'(이집트)이라는 단어는 655회나 등장한다. 그만큼 히브리인에게 이집트는 중요한 국가이다. 하나님은 이집트로 자기 백성을 보내셨고 장기간 머물게 하셨다. 당연히 이집트는 대부족을 만들어 내는 히브리인의 자궁이고 임신부의 역할을 하게 될 국가이다.

이집트 영토 안에서는 거의 비가 내리지 않아 나일강을 통해서만 물을 공급받고, 해마다 강물이 범람함으로 땅들이 비옥하다. 그래서 관개 사업이 발달했다(신 11:10). 강우량이 충분하지 않은 가나안에서 물을 끌어들이는 기술은 이때 습득한 것이며, 지금은 사막을 꽃 재배 단지로 만든 훌륭한 관개 시설을 자랑한다.

이스라엘은 이집트에서 석조 건축 문화를 터득했다. 사막 지방이라 건축 소재가 될 큰 나무가 귀했다. 일반 백성들의 가옥은 대부분 말린 벽돌로 지었다. 강에 쌓여 있는 진흙을 벽돌 모양의 틀에 넣어 굳힌 후, 햇빛에 건조해 집을 지었다. 비가 많이 오는 지방에서는 진흙이 흘러내리기에 이런 방식으로는 집을 짓지 못한다. 그래서 역청을 이용했다. 역청은 도로 포장재로 쓰이는 아스팔트를 생각하면 된다. 강우량이 적은 건조 기후의 이집트였기에 가능한 일이다.

고대 이집트의 힘은 피라미드이다. 피라미드는 석조 기념물로 국왕, 왕비 등 왕족의 무덤으로 보인다. 가장 오래된 피라미드는 조세르(Djoser)왕의 계단식 피라미드이며, 이후 지어진 쿠푸(Khufu)왕의 대피라미드는 높이가 146미터에 달하고 한 변의 길이가 약 230미터에 이른다. 이 구조물은 무게가 3-15톤인 석회석 덩어리 230만 개로 구성되었다. 그 접합부에는 바늘 하나 밀어 넣을 수 없을 정도로 견고하다. 이 돌들을 일렬로 늘어놓는다면 샌프란시스코에서 뉴욕까지 이르는 1차선을 덮을 수 있다고 브루스 페일러는 말한다.

건축가 유현준은 그의 책 《공간 인간》(을유문화사, 2025)에서,

"피라미드를 만들 수 있는 사회는 엄청나게 고도화된 조직 사회이다. 그렇게 업그레이드된 사회가 제국을 만들고, 강력해진 제국은 주변을 정복하면서 새로운 사회를 만든다"라고 했다. 이집트는 건축을 이용해서 불멸성을 만들고 강력한 제국으로 발전하면서 그 위용을 떨쳤다.

이스라엘 부족은 문명화된 제국 이집트에서 살았던 덕분에 이런 건축법을 배웠고 가나안 건설에서 유용하게 적용했다. 큰 건물은 석회암, 사암, 화강암 등으로 지었다. 훗날, 예루살렘 성전과 왕궁 건축에 있어 이집트에서 터득한 기술이 크게 유용했다.

이집트에는 신전들이 즐비했다. (이집트 신전에 대해서는 크리스티앙 자크의 《신들의 복수》를 참고하면 유익하다.) 신전 지성소에는 황금과 보석으로 치장한 신의 석상들이 조각되어 있거나 죽은 파라오의 상들이 안치되었다. 모세는 시나이산 정상에서 성막 설계도를 받아 들였을 때 쉽게 알아보았고 지성소와 법궤의 개념도 잘 이해할 수 있었다. 이집트에서 경험한 신전 건축과 내부 장식에서 얻은 지식이다.

이집트인은 운명을 자연에 기댈 수밖에 없는 지리적인 배경으로 종교 성향이 강한 만큼 다신교와 우상을 숭배했으며(사 19:1-3; 겔 20:7-8), 각종 마술을 행했다(창 41:8; 출 7:11, 22). 고대 이집트인들은 무려 2천여 신들을 믿었다(나무위키). 투트모세 3세의 무덤에는 740명의 신들이 새겨져 있다. 파라오는 그의 통치를 도왔던 모든 신을 섬겼던 것이다. 그러다 보니 이집트의 히브리인들 역시 다신론에 익숙했고 모세를 통해 유일신 여호와 신을 알았지만, 바벨론 포로 시절까지 우상을 쉽게 뿌리치지 못했다.

이집트는 세계 최초로 수학이 태동한 곳 중의 하나이다. 고대 이집트인은 이차방정식과 같은 대수학도 다루었다. 지금 유대인이 수학, 물리, 과학 등에서 명성을 떨치고 있는 것은 이집트에서 살았던 덕분도 있을 것이다.

이집트 왕조의 역사

고대 이집트 통일 왕조의 역사는 크게 세 시대로 분류된다. 우선, 고왕국 시대는 주전 약 2686년경 메네스(Menes) 또는 나르메르(Narmer)가 제1왕조를 창시하면서 상이집트와 하이집트의 통일을 이루었고, 멤피스를 수도로 정한다. 그때부터 주전 2171년까지 약 500년의 시대이다.

두 번째는 중왕국 시대로, 주전 2055년부터 주전 1650년경까지 약 400년간 지속되었으며, 이후 북동쪽에서 온 가나안 셈족 계통의 힉소스 왕조(주전 1650-1540년경)에게 정복당한다. 힉소스는 타민족에 관대한 정책을 썼기에 히브리인이 사회 각 계층에 빠르게 정착하게 되었다. 힉소스 왕조는 군사 분야만 아니라 수직 베틀을 이용한 방적 및 직조술, 오보에, 탬버린 등의 새로운 악기 등을 발명했다. 홍해를 무사히 건너고 미리암과 여인들이 소고를 잡고 춤을 추며 여호와를 찬양한 것은(출 15:20-21) 이집트 문화에서 얻은 바가 크다. 이후 이스라엘의 예배 문화에 악기와 찬양의 비중이 커졌다. 다윗 때에는 찬양 문화가 절정을 이루기도 했다.

세 번째가 신왕국 시대이다. 힉소스를 몰아낸 신왕국은 이집트 제국이라 불릴 정도로 영광과 부유함이 정점을 찍었다. 여성 파라오 하트셉수트, 전쟁왕 투트모세 3세, 최초의 유일신을 내세운 아케나텐(Akhenaten), 소년 왕 투탕카멘(Tutankhamun), 최고의 군주 람세스 2세(Ramesses II)가 신왕국의 왕이다. 모세 이야기에서 "요셉을 알지 못하는 새 왕이 일어나"(출 1:8) 통치한 시대는 제18왕조의 통치 시기이다.

'파라오', '바로'는 왕의 이름이 아니라 '위대한 거처', '큰 집'이라는 의미이다. 본래 '왕궁', '궁정'을 뜻했으나 시간이 흐르면서 투트모세 3세 시대부터 왕에 대한 공식 명칭이 되었다. 왕이 큰 궁궐에 거처했기에 사용된 호칭으로 보인다. 신하들은 왕을 '폐하', '신', '호루스'라 칭했다. 이집트의 역대 파라오는 350여 명이며 이름이 밝혀진 파라오의 숫자는 17명 정도에 달한다.

크리스티앙 자크는 《이집트 여행》(문학세계사, 2006)에서 파라오의 위상을 설명하고 있다.

고대 이집트는 탄생하여 멸망에 이르기까지 오직 파라오라는 단 하나의 정치 체제를 고수했다. 사상 유례를 찾아볼 수 없는, 가히 건설적인 이 안정성은 수차례에 걸친 역사의 요동에도 불구하고 이집트 문명에 놀라운 일관성을 안겨 주었다. 그리스와 로마의 황제들조차 마치 하나의 예술 작품처럼 파라오를 '빚어낸' 조상들의 전통 의례를 거쳐야 했다. 파라오는 단순히 한 사람의 왕, 즉 정부 수반이요 전쟁의 총사령관이며 경제 및 외교의 수장만을 의미하는 것이 아니었다. 무엇보다도 그는 신성한 에너지의 저장고요 신전을 건설하는 시공자였다.

이집트에서의 파라오는 거의 불멸의 존재였기에 왕의 자리는 권력 다툼의 중심이었다. 모세의 양모인 하트셉수트 공주는 훗날, 자신이 즉위하여 22년간 통치했다. 여인의 신분으로 막강한 권력을 잡으면서 남장을 하고 파라오의 권위를 상징하는 인조 수염을 붙이기도 했다. 투트모세 3세 후에 아멘호텝 2세가 왕위에 오르는데 이 사람이 모세와 대결을 벌였던 파라오로 보인다.

이스라엘과 이집트는 아브라함 때부터 애증이 교차했다. 이집트는 이스라엘을 낳지는 않았지만 400여 년을 키워 준 나라이다. 이집트가 아니었다면 단기간에 대부족이 쉽지 않았다. 하나님도 이집트에 대한 고마움을 잊지 말라 하신다(신 23:7). 그러면서도 이집트는 위협적이다. 성경에서는 '우상의 나라', '세상', '실패의 장소'로 상징된다(렘 41:17; 호 8:11-14).

이집트 변경에 이르렀을 때 아론이 마중 나왔다. 세 살이 많은 형은 고역으로 많이 늙어 있었다. 하나님은 아론에게도 동일한 비전을 허락하시고 그 계획에 동참할 것을 명하셨다.

이처럼 이집트 탈출의 역사는 그 준비에서부터 완성까지 하나님의 의지에 따라 실행된 단독 사역이고 이제 하나님의 시간표에 따라 고난이 끝날 때가 왔다. 평안할 때는 하나님께 기대지 않았지만 힘겨운 노동과 남아 살해 명령에서 살아남으려면 하나님의 보살피심이 절실했던 시간이다.

오스 힐먼(Os Hillman)은 "하나님의 사람은 고난이 클수록 하나님의 살피심도 커짐을 경험한다"라고 말한다. 히브리인들은 온갖 모욕과 고난에서 하나님의 돌보심을 경험하기 시작했다. 아직은 때가 일러 메시아는 보내지 않으셨지만, 백성들은 돌보셨다. 하나님이 모세를 데리고 오신 것이다. 히브리인들은 머리를 숙여 경배했다. 백성들 역시 하나님을 맞을 준비, 열 가지 승부의 수단이 될 재앙을 목격할 준비가 된 것이다. 기적은 준비된 사람들에게 나타나기 때문이다.

Chapter 9

치킨 게임 | 하나님께 적수는 없다

모세와 파라오의 담판 과정에는 열 차례 재앙이 등장한다. 이집트로서는 재앙이고 히브리인에게는 하나님의 심판이다. 긴박하게 돌아가는 세기적인 대결 구도는 흥미진진한 스토리이지만, 바르게 해석하지 못하면 자칫 모세를 영웅으로 만드는 이스라엘판《삼국지》로 왜곡하고 만다. 그래서 이런 사건을 대할 때 스토리 중심으로만 해석해서는 위험하다.

모세는 아론을 데리고 입궁했다. 파라오는 찬란한 왕관을 쓰고, 제복 허리에는 황소의 꼬리를 달았다. 멋지게 다듬은 인조수염은 신적인 힘을 나타낸다. 신을 상징하는 매가 파라오를 호위하며 조금이라도 이상한 행동을 보이면 날카로운 발톱으로 찢어 놓을 태세로 노려보고 있다. 주변에는 이집트 최고의 궁수들이 숨어 있다는 것을 모세는 안다. 이집트인에게 파라오는 살아 있는 신적 존재이기에 빛나는 위엄 앞에 심약한 사람은 정신을 잃기도 한다.

파라오에 대한 모세의 도전은 무모하기 짝이 없다. 그러나 파라오의 위엄보다 엄청난 여호와 신을 대면한 모세였고 40년 전에 왕실에서 알고 지냈던 파라오이기에 두려움 따위는 없다.

모세와 아론이 정중하게 인사를 하자 파라오 아멘호텝 2세는 어이없는 웃음으로 맞는다. 모세가 돌아왔다는 정보를 입수했을 왕은 내심 긴장했었다. 모세를 두려워한 것이 아니라 40년 전 모세의 통솔력을 두려워한 것이다. 그만큼 광야에서 다져진 몸매와 분노로 이글거리는 성난 모습을 상상했는데 예상 외로 미디안 유목민의, 평범한 목자의 행색이었다.

너희 신들은 내 앞에서 쓸모가 없다

지난날의 준수함은 찾아볼 수 없었다. 누추한 복장에 때가 묻은 지팡이를 든 모세에게서는 매의 눈매를 가진 예리한 전사보다는 늙어 버린 노인이 보일 뿐이다. 어디를 보나 대이집트 제국의 수장 파라오의 상대는 아니다. 그래서 안도와 함께 비웃듯이 맞이한다. 이것이 아멘호텝 2세가 패하게 된 원인이다. 모세에게서 나오는 힘의 근원을 제대로 파악하지 못했던 것이다.

모세의 내면은 하나님의 영으로 충만해 있었다. 그는 누구도 두려워하지 않는 '준수한' 사람이 되었다. 물론 파라오와의 대결은 비교 자체가 되지 않는다. 한 사람은 대국의 절대적인 통치자요, 한 사람은 국가도 없는 부족의 목자 신분이다.

이런 대결 구도는 긴장과 대립, 번복 등으로 이어진다. 파라오는 정권의 운명을 걸어야 했고, 모세는 하나님의 언약을 성취하고 동족을 끌고 탈출해야 했다. 양쪽 모두 한 발짝도 물러설 수 없는 대결이다. 살기 아니면 까무러치기이다. 겉모양만 보면 사람의 대결만 있고 하나님은 감독의 자리에 물러나 계시는 모양새이지만, 이 사건은 끝까지 하나님과 우상의 대결이다. 하나님이 우상을 열 번이나 상대하신 것은 우상과의 싸움이 힘에 부쳐서가 아니라 이런 일을 통해 언약을 성취해 나가시는 하나님의 능력과 일편단심을 보여 주려 하심이다.

이집트에 임한 재앙은 하나님을 온 세상에 드러내는 일이다(출 9:14). 여호와께서는 이스라엘과 언약을 맺으시고 세상을 구원하시되 그 전능한 힘 앞에서는 누구도 상대할 신이 될 수 없다는 것, "너희 이집트의 신들은 내 앞에서 쓸모가 없다"는 것을 재앙마다 보여 주신다.

파라오는 시작 부분에서는 우습게 여겼다. 아론이 지팡이로 뱀을 만들자 이집트의 마술사, 요술사들도 뱀을 만들었다. 파라오도 마법을 사용한다. 그러나 아론의 지팡이가 요술사들의 뱀을 삼켜 버렸다(출 7:8-12). 바울은 술사 중에 얀네와 얌브레가 있었다며(딤후 3:8) 당대에 일어났던 거짓 교사들의 술수를 조심하라고 경고한다. 유대 전승에는, 얀네와 얌브레가 궁정 마술사라고 했다. 파라오가 하나님을 대적한 이면에는 거짓 술사들의 입김이 크게 작용했다. 첫 번째부터 열 가지 재앙이 순차대로 일어난다.

물의 신에 대한 심판

여호와만이 유일신이 되심을 물의 신들에게 선포하고 있다. 첫 번째 재앙 나일강이 피로 물든 것과 둘째 재앙 개구리 출몰 현상이 그렇다. 강을 기본으로 번영을 이룬 이집트에서 '어머니의 강'이 모세의 지팡이 한 방에 핏빛으로 변했다는 것은 무엇도 하나님 앞에서는 신의 흉내를 낼 수 없음을 보여 준다. 하나님은 번영의 근원으로 여겨지던 나일을 핏빛으로 물들게 하심으로 이집트의 우상 숭배를 뿌리부터 흔들어 버리셨다. 거짓 우상 신의 실체를 밝히는 심판이자, 우상 종교에 대한 파멸이요, 피조물을 숭상하는 어리석음에 대한 경고이다.

어떤 신학자들은 나일강이 범람할 무렵 적점토(赤粘土)나 갖가지 적색 퇴적물로 강물이 핏빛처럼 보였다고 해석한다. 물 색깔이 변하면서 고기가 죽고 악취를 풍기는 일이 발생했다는 것이다. 이 주장이 사실이 되려면 매년 강물이 범람할 때마다 적색 퇴적물로 고기들이 떼죽음을 당해야 하는데, 창일한 강물은 상류의 고기 떼를 쓸고 내려와 어부들을 부자로 만들었다고 해석하는 편이 이치에 맞다.

물고기를 주식의 하나로 삼는 이집트에서 나일강은 국가 경제 그 자체였다. 죽은 물고기들은 썩은 악취로 비린내를 진동시키며 구역질이 나게 했다. 이집트 하수가 피로 변함으로써 기본적인 생계유지조차 어려운 상황에 직면했다. 자연의 풍요로움은 하나님의 허락 아래 가능한 일이며 우상은 헛것이라는 점을 보여 준다.

개구리 재앙도 그렇다. 개구리들이 생겨난 곳은 나일강 하수이다. 개구리는 6-10월경 정기적인 범람 후에 물이 빠지는 12월 중순에 비옥한 토양 위로 기어오른다. 주민들은 개구리가 옥토로 올라오기에 풍요와 다산의 상징으로 간주하고 개구리 모양 여신(헤케트)으로 형상화하여 숭배했다. 개구리는 원래 늪지나 물가에서 서식하지만, 이번에는 다르다. 엄청난 떼를 지어 집 안까지 몰려든 것은 단순한 자연 현상이 아니라, 하나님의 초자연적 이적이다.

개구리들은 왕궁의 침실, 침상, 신하의 집과 백성들과 화덕과 떡 반죽 그릇에 올라왔다. 이집트인들은 이런 생활 영역을 매우 청결히 사용했다. 이곳에 우상으로 섬기던 개구리들이 몰려와 더럽힌다. 개구리는 본능적으로 사람을 피하는데 이번에는 아무 곳에나 침투하여 어지럽힘으로 화를 불러오는 존재가 되었다. 이는 신성시되던 동물이 도리어 저주가 됨으로 우상 종교의 허탄함과 무력함을 여실히 입증해 보인다.

땅의 신에 대한 심판

이와 파리, 가축, 악성 종기, 메뚜기들에 대한 심판이다.

셋째 재앙의 이는 사나운 모기 각다귀이다. 모기와 유사하나 다리가 길고 몸집은 작으며 쏘는 힘이 강해 머리털과 옷 속, 심지어 눈과 코 속까지 기어서 들어가 쏘아 댐으로 고통을 자아낸다.

넷째 재앙의 파리는 집파리와는 구별되는 특종 파리로 홍수 후 떼를 지어 짐승과 사람에게 달라붙어 무서운 병을 옮기는 지독한 해충이다.

다섯째 악질 재앙이 가축에게 임했다. 말은 전쟁용, 나귀는 단거리 수송이나 경작에, 약대는 장거리 수송에 이용된다. 운송 수단인 가축에 돌림병이 생김으로 발생한 피해는 군사, 경제, 교통에 치명타를 가한다. 그동안 가축은 형상화되어 경배 대상이 되었고 우상 종교의 희생 제물로도 쓰였다. 이 재앙은 하나님이 모든 피조물의 생사 지배권을 장악하고 계심을 보여 준다.

여섯째 악성 종기는 독종 재앙이다. 모세와 아론이 재 두 움큼을 하늘로 날리자 악성 종기가 나타났다. 재를 통해 발병하는 종기는 뜨거운 열과 붉은 반점을 동반하여 극심한 가려움 증세와 함께 물집이 생기고 급기야는 화농해서 고름이 흐르게 되는 공포의 피부병이다. 이는 악한 기운이나 재앙들도 하나님의 지배권 아래에 있음을 보여 준다.

하늘 통치권에 대한 심판

우박과 흑암으로 나타난다. 우박은 돌처럼 단단한 얼음알갱이다. 가축 떼가 방목되는 시기인 겨울과 이른 봄 사이에 천둥소리와 함께 내려 곡물에 큰 피해를 준다.

흑암은 땅에 가득 차는 재앙이다. 계절풍 사막 바람으로 몹시 뜨거운 남풍의 폭풍과 함께 일식을 동반해서 내려졌다. 빛은 사라지고 칠흑 같은 어둠만이 지면을 덮으면서 모두가 골방에서 공포에 떨며 폭풍이 가라앉을 때까지 숨을 죽였다. 뒤따라올 죽음의 밤을 예견케 하는 전조적 재앙이다.

뇌성과 함께 쏟아진 우박으로 산천초목은 초토화가 된다. 고대인들은 뇌성을 신의 소리로 간주했다. 흑암 재앙은 태양신 라를 섬기며 파라오를 태양으로 숭배하는 이집트의 사상과 철학을 송두리째 흑암 속에 묻어 버림으로써, 여호와만이 홀로 빛이심을 명백히 선포한다.

고센 땅은 구별된 땅이 되었고 일체의 손해가 없었다. 하나님의 섭리 아래 재앙이 진행되고 있음을 보여 준다. 이를 알고 있는 이집트인 중에 일부는 미리 가축을 안전한 곳으로 이동해서 손실을 면했다. 훗날, 모든 이적을 목도했던 여호수아는 "하나님 여호와는 위로는 하늘에서도 아래로는 땅에서도 하나님"(수 2:11)이 되심을 증언한다.

어리석은 겁쟁이 게임

모세와 파라오의 끈질긴 대결을 보면 치킨 게임이 생각난다. 어떤 사안에 두 집단이 양보하지 않고 극한으로 치닫는 최악의 상황이 치킨 게임이다. 일종의 겁쟁이 게임으로, 먼저 포기하면 겁쟁이로 끝나지만, 양쪽이 끝까지 포기하지 않으면 모두에게 가장 나쁜 상황이 초래된다.

이 용어는 가상적인 게임에서 비롯되었다. 자동차로 돌진하면서 핸들을 돌려 피하지 않으면 양쪽 모두 죽고, 먼저 피하면 겁쟁이(chicken)가 되어 게임에서 지게 된다. 냉전 시절(1950년대-1980년대) 미국과 소비에트연방 간의 군비 경쟁을 빗대는 데 사용되었던 용어이다.

기본적인 상식이 있는 사람이라면 이런 게임은 하지 않는다. 가장 큰 이득이라고 해 봤자 상대방을 꺾었다는 자존심뿐이고, 그에 대한 리스크는 중상이나 사망이다. 바보가 아니고는 이런 겁쟁이 게임에 목숨을 걸지 않는다. 그런데 이런 일에 목숨을 거는 바보들이 꼭 있다.

파라오 아멘호텝 2세는 모세를 상대로, 전능하신 하나님과 치킨 게임을 하고 있다. 이집트 제국의 파라오라는 자존심을 내려놓지 못하고 고집을 부리고 있다. 그의 고집으로 파라오의 권위가 추락하는 것은 물론 백성들이 고통을 당하고 있다. 그것이 인질 협상으로 나타난다.

Chapter 10

협상 | 분명히 "No!"라고 말할 수 있는 용기

한국 교회에 하락 그래프가 나타난 지가 오래지만, 전체가 무너지는 것이 아니라 윗세대는 살아 있다. 아무리 교회를 공격하고 자충수를 두어도 윗세대는 흔들리지 않는다. 교리교육과 제자훈련, 체험 신앙, 그동안 지탄의 대상이 되었던 번영신학, 기복주의까지 교회의 생존에 힘을 보탠다.

아랫세대는 다르다. 인터넷 검색창에 '한국 교회', '목사'를 치면 악플이 넘친다. 먹고살 만하고 고생도 모르기에 종교 가성비도 낮다. 그러니 쉽게 교회를 떠나고, 남아 있어도 생각은 다른 곳에 가 있다. 1세대, 2세대로 기독교 믿음은 끝나고, "우리 증조할머니와 할아버지는 교회에 다녔었고 목사님, 장로님, 권사님 등등이었다"는 회고담도 넘친다. 눈앞에 마주하고 있는 불편한 진실이다.

한국 교회는 왜 다음 세대를 잃어버리고 있을까? 이집트 탈출 과정을 보면 답이 나온다. 파라오는 결정을 자꾸 번복하면서 쉽게 놓으려 하지 않고 뭐라도 붙잡으려 한다. 인질 작전이다.

1차 협상안 : 이 땅에서 예배하라

파라오 아멘호텝 2세의 첫 번째 타협안은 네 번째 파리 재앙이 있고 난 다음에 제시된다. 파리 떼가 극성을 벌이자 도무지 살 수가 없었다. 그래서 파라오는 백성들을 데리고 광야로 가서 예배하려 하니 보내 달라는 모세의 말에 '이집트 경내에서', 이 땅에서 경배하라는 조건부 허락을 한다.

> 이 땅에서 너희 하나님께 제사를 드리라 출 8:25

마음이 중요하지 장소가 무슨 별다른 의미가 있냐, 즉 이집트를 떠나지 못하도록 감시 아래 두겠다는 것이다. 세상이 이 수법을 쓰고 있다. 세상은 믿음 생활을 허락한다. 교회를 다니고 예배 참석도 좋지만, 세상에 속해서 하라는 것이다. 세상과 어울려서 놀고, 먹고 마실 것 다 하면서 종교 생활을 하라는 것이다. 세상 범주 안에서는 모든 것을 다 허용해 주겠으니 불신 세상과 담을 쌓지 말고 동물원의 사육된 짐승들처럼 '적당히' 믿음 생활을 하라는 것이다.

한국 교회 신자들이 이런 카드에 넘어간다. 세상에 머물고

벗하면서 믿음 생활을 하니 믿음이 단단하게 뿌리를 내리지 못하고 나들이 신앙이다. 세상에 의존적이니 영적인 독립 선언을 하지 못하고 인본주의 믿음으로 교회에 다닌다. 모태신앙인 중에 이런 신자가 많다.

모세는 파라오의 수작을 알았기에 "그리함은 부당하니이다"(출 8:26) 하며 단번에 거절한다. 이집트인은 짐승 희생 제사를 혐오하니 집단으로 예배하다 불상사가 일어날 수 있다는 핑계를 댄다. 이집트인은 동물을 신으로 섬기는데 히브리인은 동물을 신의 희생 제물로 바치니, 그럴 수도 있다.

코로나19 바이러스(COVID-19) 감염증은 예배에 쓰나미를 가져왔다. 세속화의 산물이 '가나안 교인'이라면 코로나19의 산물은 '영상 예배 교인'이다. 노력하면 예배에 참석할 수 있는데도 핑곗거리를 댄다. 설교 중심의 영상 예배를 '구경하고' 예배드렸다고 당당히 말하고 다닌다.

그 결과는 기독교 신자 60퍼센트가 "교회 안 나가도 신앙생활 가능"이라고 답한 수치로 나타난다. 일종의 '재택형' 신자들이다. 한국기독교사회문제연구원이 공개한 '2024 개신교인 인식 조사 연구' 자료이다. 이는 신자들이 교회에 나가지 않아도 신앙생활이 가능하다 여기고, 그만큼 제도화된 교회에 대한 의존도가 낮아지고 있음을 시사하고 있다(기독신문, 2025년 1월 14일). 이런 예배가 어찌 영과 진리의 예배가 될 수 있을지…. 오늘날 많은 신자가 인본주의 예배관으로 나가고 있다.

영상 예배에 단점만 있는 것은 아니다. 인터넷의 발달로 한국 교회의 예배가 전 세계로 송출되면서 교민들이 예배할 수 있게 되었으며 환자, 노약자들이 가정에서 원격 예배에 참석할 수 있다. 이런 장점에도 '시청하는' 예배가 바른 예배일까? 영상 예배가 신자들을 영적으로 성장하며 성숙시킬 수 있을까? 예배의 한 방식으로 남겨도 되는 것일까? 목회자들의 고민이 깊어지고 있다.

2차 협상안 : 너무 멀리 가지 마라

파라오는 모세의 결심이 굳은 것을 알고 두 번째 카드를 내놓는다.

> 너희의 하나님 여호와께 광야에서 제사를 드릴 것이나 너무 멀리 가지는 말라 출 8:28

이집트 경내에서 예배하라는 타협안이 거절되자 광야로 나가기는 하되 멀리 가지는 말라는 상당히 솔깃한 조건을 제시한다. "믿기는 해도 너무 깊이 믿지는 말라. 봉사도 적당히 하고 예배도 시간이 되면 가고 안 되면 대충 건너뛰라. 종교는 액세서리이지 헌신할 대상이 아니다!" 요즘 같은 시절에는 더욱 솔깃한 종교관이다. 기독교를 복음이 아니라 종교로 만들어 버리는 것이다. 하나님이 중심이 되시지 못하고 나 개인을 위한 힐링 예배가 중심이 된다.

모세는 이번에도 사흘 길쯤 광야로 들어가서 제사드려야 한다며 거절한다. "멀리 가겠다!" 그래야 백성들이 돌아올 생각을 포기한다. 수련회도 가까운 장소일수록 효과가 별로이다. 들락날락하기 때문이다. 교통편이 없는 장소라야 포기하고 열심을 낸다. 그래서 역사가 나타난다.

예수님도 베드로에게 "깊은 데로" 가서 그물을 던지라 하셨다(눅 5:4). 고기 씨가 말라 버린 얕은 물가에서 무슨 고기를 잡을까. 지금 한국 교회는 너무 가볍다. 복음은 번영신학이라는 헐값으로 매도되고 교회 안에서조차 하나님을 제대로 체험하지 못하고 있다. 믿음의 바다에서 멀리 가지 않고 얕은 곳에서 물장난하면서 믿음 생활을 하니 받는 은혜도 가볍다. 그래서 "유혹의 욕심을 따라 썩어져 가는 구습을 따르는 옛 사람"(엡 4:22)으로 남아 있는 것이다.

3차 협상안 : 어린 자녀는 두고 가라

모세의 단호한 거절로 2차 회담도 결렬된다. 가축 돌림병-악성 종기-우박-메뚜기 재앙. 이런 재앙을 견디지 못해 파라오는 3차 타협안을 들고 나온다. 어린 자녀는 두고 가라는 것이다.

> 너희의 어린아이들을 보내면 … 그렇게 하지 말고 너희 장정만 가서 여호와를 섬기라 출 10:10-11

아멘호텝 2세도 보통내기가 아니다. 자녀들을 인질로 삼겠다는 것이다. 자녀들이 인질이 된다면 부모는 절대로 광야로 도망치지 못한다. 한국 교회가 여기에서 무너졌다. 한국 교회는 내 믿음은 잘 지켰지만 믿음을 대물림하지 못했다. 자녀들을 세상에 두고 온 것이다. 나중에는 나오겠지…, 방심하는 사이에 자녀들은 이집트에 뿌리를 내리고 있다. 그 결과, 자녀들은 이집트, 세상에 있는데 나만 광야로 나왔다면 이스라엘 백성이 가나안을 향해 줄기차게 행진할 수 있을까.

모세가 자녀들을 이집트에 남겨 요셉처럼 총리도 하고 공무원도 하고 돈도 벌면서 살다가 나중에 가나안으로 데려오면 될 것이라는 생각에 두고 갔다면 탈출은 성공하지 못한다. 부모에게 자녀들은 인질이 되고 광야에서 헤매다 돌아갔을 것이다. 모세는 그것을 알았기에 힘들지만, 파라오와 싸웠다. 이집트에서의 성공과 출세와 싸운 것이다. 모세의 위대함은 홍해를 가르고 기적을 행한 것만 아니다. 자녀들을 위해 타협안을 단호하게 거절한 선택도 위대하다.

하나님의 백성이라면 믿음과 일상생활에서도 선택을 분명하게 해야 한다. 식당에서 음식 주문 시에 특히 남성도들은 "아무거나" 달라고 한다. 다른 사람들의 주문과 함께한다는 뜻이지만 내가 먹을 음식을 분명하게 말하지 않으면 여럿이서 시간도 지체되고 종업원도 망설이게 된다. 카페에 갔을 때도 매사에 이런 청년이라면 아무리 믿음이 좋아도 사위로 삼지 않을 것이다(내게는 두 아들만 있다). 당장 눈앞에 있는 것도 선택하지 못하고, 영화를 보러 가서도 볼 영화를 고르지 못하고 망설이며 "아무거나" 하고 있다면, 여자 청년들이여, 이런 남자와 교제 중이라면 일찍 '헤어질 결심'을 하는 것이 좋다. 사소한 일에서도 제대로 선택하고 결단하지 못한다면 어찌 큰 결단을 하겠는가. 80세 노인 모세도 저리도 단호한데….

4차 협상안 : 제물(祭物)은 두고 가라

파라오는 히브리 부족을 포기하지 않았다. 그것은 파라오의 자존심이고 이집트 제국에 오점을 남기는 것이다. 사람은 가되 가축은 두고 가라는 네 번째의 타협안을 제시한다.

너희는 가서 여호와를 섬기되 너희의 양과 소는 머물러 두고
출 10:24

파라오의 계산도 치밀하다. '히브리인은 그들의 신에게 짐승 제사를 드린다. 제물 짐승이 양과 소이다. 피의 제사가 아니면 그들 부족의 신은 받지 않는다. 양과 소를 놓고 가면 제물이 부족

해 광야에서 며칠을 견뎌 내지 못하고 공동체는 흔들릴 것이다.' 파라오는 그것을 노린 것이다. 그러니 히브리 백성의 처지에서는 선뜻 받을 수 없는 제안이다.

크리스티앙 자크는 고대 이집트에 노예는 없었다고 단언한다. 그리스나 로마와는 달리 이집트에는 인간이 개인적 권리가 완전히 박탈당하고 물건이나 동물 취급을 받는 제도는 없었다. 노예 제도의 부재는 파라오 문명의 가장 위대한 특성 중의 하나이다. 역사가들이 과장하여 '노예'라고 부른 사람들도 실은 땅을 소유하거나 넓은 영지에서 일하면서 자신의 생산물을 직접 관리할 수 있었다. 이들을 '농노'라고 부르는 것이 더 정확한 표현이라고 한다.

우리는 이집트에서 살았던 히브리인을 '노예'라고 쉽게 생각했다. 히브리인은 노예가 아니다. 그들은 재산이 있었다. 출애굽 당시에 박해를 받아 일시적으로 노예처럼 종살이했을 뿐이다. 그러니 소유를 놓고 가라는 파라오의 타협은 그들 재산보다는 양과 소를 염두에 둔 것이다.

히브리인은 일단 마음을 정한 상황에서 집과 토지에 애착을 가질 필요가 없었다. 땅과 부동산은 이미 처분했다. 설령 남았다 해도 미련 없이 두고 떠나야 한다. 양과 소는 다르다. 그들은 목축이 주업이고 전통적으로 짐승 제사를 드리는 민족이다. 무슨 일이 있어도 제사는 계속되어야 한다. 그런데 양과 소는 놓고 가라니…. 제사가 없는, 예배가 없는 삶을 말한 것이다. 모세는 그 사실을 알았다. 가나안 입성이 목표이지만 제사가 생략된 삶은 의미가 없다. 제사가 우선되어야 하고 하나님을 섬김이 목표이다. 처음 담판에서 분명히 그 점을 밝혔다.

> 우리가 만일 애굽 사람의 목전에서 제사를 드리면 그들이 그것을 미워하여 우리를 돌로 치지 아니하리이까 우리가 사흘 길쯤 광야로 들어가서 우리 하나님 여호와께 제사를 드리되 우리에게 명령하시는 대로 하려 하나이다 출 8:26-27

모세는 광야로 나가는 목적이 일단은 가나안을 향한 출발이지만 궁극적으로는 여호와께 드리는 제사임을 분명히 한다. 양과 소, 제물이 없는 제사 타협안에 대해 모세는 "부당하니이다"(출 8:26) 하고 거절한다. 한국 교회가 바로 세워지려면 십자가의 속죄가 생략된 예배의 타협이 들어올 때 모세처럼 "안 되오!" 하고 분명하게 선을 그어야 한다. 그래야 제대로 떠남이 된다.
모세는 파라오의 타협안 수법에 넘어가지 않았다. 타협점이 없는 모세의 용단이 마지막 재앙에서 살아남고 출애굽이라는 위대한 역사를 만든다. 유월의 밤은 그렇게 다가오고 있었다.

Chapter 11

Pass Over | 버려라, 쓸데없는 자존심과 고집불통 아집을!

드디어 결판의 날이 왔다. 파라오와 모세만 놓고 관전할 때는 절대로 모세가 이길 수 없는 대결이다. 그런데 아홉 번 모두 모세의 승리로 끝났다. 파라오는 체면과 명성이 땅에 떨어지고 말았다. 전쟁사에서 지팡이 하나로 막강한 제국을 상대로 9전 9승을 이룬 역사는 없다.

답은 하나이다! 이 싸움은 파라오와 모세의 싸움이 아니라 여호와 신과 이집트 잡신들과의 싸움이다. 만물을 창조하신 전지전능하신 여호와 신에 대적하는, 사람의 손으로 만든 조각품이나 동물 신들은 아무런 에너지가 없다. 어마어마한 신전과 피라미드를 건축하며 그 안에 온갖 불멸의 에너지를 넣으려 했지만 그건 모조(模造, 毛彫) 형상에 불과할 뿐이다.

재앙을 통해 보여 주려 하신 것

그럼에도 하나님은 왜 굳이 아홉 번이라는 대결 구도로 끌어가셨을까?

첫째, 여호와 신을 이스라엘 백성에게 보여 주시기 위함이다(출 10:2). 히브리인은 여호와의 실상을 제대로 인지하지 못하고 있다. 그들이 아는 신은 부족신 수준이다. 이집트에 사는 히브리 부족의 신은 유일신보다는 다신론 개념이 강하다. 그것도 세월이 지나면서 모호해졌다. 모세의 체험으로 여호와라는 이름을 알았지만 제대로 된 신학이 형성될 수가 없었다.

여호와께서는 대결을 통해 서서히 속성을 드러내면서 보여 주시고 가르쳐 주셨다. 이집트 신들을 번번이 물리치심으로 여호와는 전설이 아니라 지금 히브리인과 함께하는 임마누엘의 전능자 신임을 체험하게 하셨다. 아홉 번의 체험을 통해 지식은 믿음으로 뿌리를 내려 갔다. 한두 번의 대결로 '게임 오버'였다면 충분한 확신을 갖지 못했을 것이며 세월이 지나면서 희미해지고 믿음은 흔들렸을 것이다. 9전승을 통해 여호와에 대한 지식이 확실해졌으며 지식을 믿음으로 만들어 내었다.

둘째, 이집트를 비롯한 온 열방에 여호와의 실체를 알려 주시기 위함이다(출 7:5). 지팡이로 강물이 핏물이 되고 개구리, 이, 파리 떼가 온 땅에 덮인 소동은 전 국민에게 해당하는 재앙들이다. 일부 지역이 아니라 전역에서 일어났다. 자연재해라 치부할 수 없었던 것은 이 재앙이 고센 땅에는 해를 끼치지 않았기 때문이다. 이는 분명 히브리의 신에게서 오는 재앙이며 어둠 속에 묻혀 있던 여호와 신의 등장을 말한다. 여호와 신은 더는 숨겨지거나 감추어지실 신이 아니었다. 이집트 제국의 위신을 이렇게 땅에 떨어뜨리는 신은 없었다.

셋째, 하나님이 재앙을 연속으로 일으키신 것은 모세를 위함이다. 40년 전만 해도 모세는 망명자의 신세였다. 이집트로는 돌아올 수 없는 처지이기에 재기는 불가능했다. 그랬던 모세가 지팡이 하나로 온갖 이적을 일으켰다. 그의 신이 하시는 일이라지만 모두의 눈에는 모세까지도 신에 속한 사람이다. 하나님이 모세를 하나님처럼 보이게 만들겠다고 하셨는데(출 4:16) 그 일이 이루어지고 있는 것이다.

모세는 하나님의 명대로 지팡이를 내밀 때마다 재앙과 이적이 나타나는 것을 보면서 하나님의 역사에 전율을 느낄 정도였다. 하나님의 영에 사로잡히는 역사를 그때마다 강렬하게 체험했다. 모세는 점점 강해지고 여호와의 사람으로 변해 갔다. 한두 번의 재앙과 이적 체험으로는 광야 40년을 이끌어 갈 능력의 지도자가 될 수 없었을 것이다.

이런 이유로 아홉 번의 재앙은 일어났다. 그러나 아홉 번의 재앙은 곧 드러나게 될 열 번째 재앙을 위한 하나님의 워밍업 수준이다. 장자의 죽음은 이집트인에게는 국가의 존망을 흔들어 버리는 대재앙이고, 히브리인에게는 이집트에서 탈출하게 하는 구원의 사건이 된다.

하나님은 재앙을 예고하기 전에 준비 작업을 명하신다. 가족 수대로 흠 없고 1년 된 수컷 어린양(염소)을 준비하고 그 밤에 양고기를 불에 구워 무교병과 쓴 나물과 함께 먹으라 하셨다(출 12:1-6). 가장 중요한 것은, "그 피를 양을 먹을 집 좌우 문설주와 인방에"(출 12:7) 바르는 일이다. 문설주는 문의 양쪽에 세워 문짝을 끼워 달게 만든 기둥(post)이고 인방은 좌우 문설주, 곧 기둥과 기둥 사이를 위아래서 가로지르는 나무(lintel)이다. 여기에 양의 피를 바르라는 것이다. 피는 생명을 상징하는 것으로, 희생 제사의 핵심이다(레 17:11). 유월절 의식은 이스라엘 집의 모든 생명이 대속의 은총으로 구원받았음과 하나님께 바쳐진 새 생명임을 상징하는 성별 의식이었다.

하나님의 초자연적 심판

하나님의 심판이 이집트 전역에 임했다. 파라오 아멘호텝 2세의 장자로부터 일반 백성, 죄수들의 장자, 짐승의 첫 새끼들까지 심판의 칼에 목숨을 잃었다. 급성 전염병에 의한 다발적 죽음으로 해석하는 이들도 있지만, 이는 분명 하나님의 초자연적인 심판 사건이다. 하나님의 경고가 있은 후에 사건이 일어났고 이집트인에게만 적용되었기 때문이다.

히브리인의 가정은 죽음의 사자(死者)가 뛰어넘었다. 정확히 표현한다면, 히브리 가정만을 겨냥해서 유월한 것이 아니라 문설주와 인방에 어린양의 피가 묻어 있는 주택을 넘어갔다. '넘어간다'는 'Pass Over', '유월'(逾越)이다. '지나가다', '…을 뛰어넘다'라는 의미로, 피를 보고 죽음의 사자가 뛰어넘어 가겠다는 피의 언약을 받아들인 이들의 장자는 그날 밤에 살았다. 히브리인이라 무사하고 이집트인이어서 장자들이 죽은 것이 아니다. 피 칠이 있는 집은 살았고 피칠이 없는 집은 죽었다. 피가 생사를 가른 것이다. 이는 하나님의 언약이다.

집에서 어린양의 피를 문설주와 인방에 바르는 이 의식은 첫 번째 유월절에만 실시되었으며, 그 이후부터는 성소 또는 성전에서 제사를 드리게 되었다.

이후 유월절 전야제는 이스라엘의 전통적인 국가 행사가 되었다. 유대인은 유월절과 함께 무교절을 지킨다. 이날에 딱딱한 빵(마짜, Matzah)과 쓴 나물(마로르, Maror)과 하로셋(Charoset)이라는 음식을 먹는다. 마짜는 오랫동안 이집트에서 먹었던 눈물의 빵이다. 그들은 딱딱한 빵을 씹으며 선조들이 맛보았던 굴욕을 되씹어 본다. 마지막으로 포도주 네 잔을 마신다. 그것은 최후의 승리를 의미한다.

유월절 빵 마짜에는 누룩이 없다. 누룩의 부풀어 오르는 성질 때문이다. 누룩은 발효되어 구워지기 전까지 시간이 오래 걸린다. 무교병이어야 신속하게 준비해 빨리 먹을 수 있다. 출애굽 때 재빨리 나와야 했던 선조들을 기억하며 누룩 없는 빵을 먹는다.

이스라엘은 광야에서 성막을 세운다. 성막, 곧 장막으로 된 성소에는 진설병이 놓였다. 진설병은 열두 개의 빵인데 열두 지파를 상징한다. 열두 지파가 항상 하나님의 얼굴 앞에 진설되어 있는 것을 의미한다. 진설병은 제사 의식을 위한 빵이면서 생명의 빵이다. 네 모퉁이에 뿔을 만들어 붙이기 때문에, 이 뿔로 진설병이 죄를 사하고 하나님의 생명을 얻게 하는 효과를 가져다 준다고 믿었다. 그래서 생명의 빵이라고 불리는 것이다.

예수님은 생명의 떡

예수님은 당신이 생명의 떡(빵)이라 하셨고, "나는 생명의 떡이니 내게 오는 자는 결코 주리지 아니할 터이요 나를 믿는 자는 영원히 목마르지 아니하리라"(요 6:35)라고 하셨다. 예수님은 유월절에 백성들이 먹었던 누룩이 없는 떡이시다.

유월절의 언약의 피는 기독교 신학의 중심이 된다. 죽음의 천사로부터 피해를 막는 확실한 증표인 어린양의 피는 죄와 사망의 권세에서 보호하시고 생명을 얻게 하시는 예수 그리스도의 보혈을 예표한다. "피 흘림이 없이는 사함도 없다"는 것이 속죄의 대원칙이다(히 9:22).

세월이 지나면서 희생 제사는 취지가 무색해졌다. 유대인은 제사 자체에만 몰입하면서 상징성을 놓아 버렸다. 유대 역사가 요세푸스의《유대 전쟁사》에 나오는 기록에 따르면, 예루살렘 성전 유월절 희생 제사에 25만 6천 마리의 양을 도살했고 희생 제물로 드려지는 양의 피가 작은 시내가 되었다고 한다. 그들은 제사는 제사대로 드리면서 죄는 죄대로 지었다. 불자들이 물고기를 방생하고 돌아오면서 매운탕을 시켜 먹는 것과 같은 경우이다.

유대인은 율법을 통해 의로움을 얻으려 했고 구원을 받으려 했다. 예수 그리스도를 통한 하나님의 구원 역사가 온 인류에게 해당한다는 것이 드러났지만, 아직도 의식과 율법에 매달려 있다. 바울이 회심하기 전 보여 주었던 바로 그 열심이면서 행위 자력 구원이다.

유대인은 그만큼 희생 제사에 대한 믿음을 버리지 않는다. 지금은 성전이 소실되어 희생 제사가 사라졌지만 예루살렘 성전이 재건되기만 하면 당장 눈물을 흘리며 시작할 사람들이다. 이집트에서는 파라오가 고집을 부리더니 예루살렘에서는 유대인이 고집을 부리고 있다. 광야 40년에 그들 조상이 보여 주었던 그 고집과 뿌리를 같이한다.

고집불통이 유대 공동체를 지켜

그런데 아이러니하게도 유대인의 쇠고집이 여호와의 백성으로 2천 년이나 국가 없이 살면서도 믿음의 정체성을 지켜 내게 했다. 그들의 DNA에 흐르는 광야 여정의 그 고집스러움 때문이다. 이스라엘은 지금도 토요 안식일을 고집한다. 안식일은 하루를 예배하는 정도가 아니다. 유대인의 13퍼센트 정도에 해당한다는 정통파 유대인(하레디)은 안식일에 수염도 깎지 않는다. 그 모든 행위가 일이기 때문이다. 안식일에는 전기 스위치도 끄고 켜지를 못한다. 엘리베이터를 탈 때도 누가 대신 버튼을 눌러 주어야만 탑승한다. 휴지 뜯는 것도 일이기에 안식일에 쓸 휴지를 미리 뜯어 포개 놓는다.

정통파 하레디는 유대교 경전인 토라를 엄격히 따르는 삶을 추구하며, 세속적 가치와 문화를 거의 받아들이지 않고 폐쇄적인 공동체에서 지낸다. 율법에 어긋난다고 돼지고기도 금하고 토라(모세오경, 모세율법)의 일점일획을 문자 그대로 수용한다. 토라의 역사가 3,500여 년이 되지만, 토씨 하나 변조하지 않고 그대로 지켜 낸다. 여간한 고집불통이 아니면 불가능한 일이다.

지금도 팔레스타인 땅을 결코 포기하지 못한다. 세계적인 부호들로 넘치는 이스라엘이 전쟁과 폭탄 테러가 난무하는 작은 땅 예루살렘과 가나안 지역을 포기하지 못하는 것은 선조의 땅이고, 성전 재건의 장소이고, 메시아가 강림하는 성지이기 때문이다. 그들이 가진 돈이면 하와이나 제주도 등을 사들여서 지상 낙원으로 만들 수도 있지만, 가나안을 포기하지 않는다. 고집 때문이다. 유대인에게 흐르는 고집스러움이 이스라엘을 지켜 낸 것이다.

그러나 고집이 아집으로 변할 때 이기적인 종교가 되어, 온 세상에 여호와 신앙을 유통시켜야 할 제사장 국가가 하나님을 독점하려는 폐쇄적이면서도 독선적인 자들이 되어 버렸다. 가장 재미없는 종교인이다. 종교가 자기 아집에 사로잡히면 얼마나 지독할 수 있는가를 하나님의 선민 유대인에게서 배운다는 것이 씁쓸하다.

하나님은 자기 백성의 고집을 꺾기 위해 민족적 수난을 당하게 하셨다. 그들은 바벨론으로 끌려갔고 세계로 흩어졌다. 그런데도 민족의 우월감 때문에 쉽게 고집을 꺾지 않는다. 결과는, 그렇게나 대망하던 메시아를 자기들 손으로 죽였다. 고집이 만들어 낸 불행한 유대 역사이다.

이스라엘의 고집, 파라오의 고집을 버려야 한다. 말씀과 역행하는 고집은 자신을 망치고 공동체를 허는 주범이다. 쓸데없는 자존심으로 뭉쳐진 고집을 십자가에서 처형해야 한다. 믿음 생활은 그런 고집, 아집과의 싸움이다. 믿음 생활을 하면 할수록 오히려 강해져 가는 그 고집의 파라오, 고집의 이집트에서 이제 제대로 탈출해야 한다.

Chapter 12

탈출 | 익숙한 틀을 깨고 나아가다

주전 1446년(혹은 1445년) 1월 15일(태양력 3, 4월) 유월절 다음 날, 이집트를 떠날 날이 왔다. 이집트 전역은 대성통곡으로 울음바다였지만 히브리인은 울지 않았다. 환호성을 지르지도 않았다. 힘들게 했던 이집트인이지만 집마다 장자를 잃고 절망에 빠진 사람들에게 "그것 봐라, 꼴 좋다!"라고 회심의 미소를 짓기에는 자식을 잃은 부모가 너무 가엾다. 이집트인은 잘못된 지도자를 만나 분노와 상실에 빠져 있지만, 히브리인은 용기 있는 지도자를 만나 여호와 하나님을 다시 찾게 되고 선민의식이라는 자긍심으로 들떠 있는 것도 사실이다.

그러나 지금은 완성된 사건이 아니다. 이집트를 떠날 만반의 준비를 했지만 아직은 살얼음 위를 걷는 심정이다. 파라오의 마음이 언제라도 변하여 '너 죽고 나 살자'는 심정으로 대학살을 감행할 수도 있다. 사람이 이성을 잃으면 못할 일이 무엇이 있을까.

길을 떠나다

히브리인들은 공개적으로 라암셋으로 모여들었다(출 12:37). 라암셋은 이집트 북쪽 국경 지대로 팔레스타인 남부 지역 인근, 고센의 다른 이름이다. 출애굽 이후 200-300년이 지나 유명한 파라오 람세스 2세가 큰 도시로 재건하여 수도로 정하고 페르람세스(람세스의 집)로 개명했는데, 성경 번역 과정에서 지금처럼 라암셋이라는 새 이름으로 기록하지 않았나 추측해 본다.

이스라엘 사람들은 당장 떠나라는 파라오의 명이 있었기에 비밀리에 모일 필요는 없었다. 이집트 본토인은 두려움에 한시라도 빨리 떠나 달라 통사정을 했다(출 12:33). 이집트인이 내놓은 은금과 물품은 광야 40년 생활에, 성막 건축에도 힘이 되었다. 모든 것을 준비하신다는 '여호와 이레'의 하나님을, 이집트를 떠나면서, 이후 광야 곳곳에서 체험했다. 순간순간의 체험들로 믿음은 성장했고 혹독한 광야 생활을 견뎌 낼 수 있었다.

이집트를 떠나는 이스라엘 사람의 수는 엄청나다. 출애굽 후 시나이산에서 계수하니 20세 이상 장정이 60만 3,550명이다. 레위 지파를 제외한 수이다(민 1:46-47). 장정 숫자를 이스라엘 전체 인구의 4분의 1로 보고 노인과 여성과 아동까지 더한다면 200-250만 명 이상이라고 쉽게 추산할 수 있다. 주석들도 그리 보고 나도 늘 그렇게 설교해 왔다. 200만 명은 당시 이집트 인구의 20퍼센트 정도에 해당한다는 추측도 있다.

그러나 여기에서 냉정하게 따져 볼 필요가 있다. 장정 60만 명은 성경에 기록된 숫자이기에 건드릴 수 없는 부분이지만 200-250만 명은 과하다. 이 숫자가 과연 합당할까? 몇 자료들과 비교해 보면 어느 정도 윤곽이 잡힐 것이다.

출애굽 이후 1천 년 뒤인 고대 이집트 제32왕조 프톨레마이오스(Ptolemy) 왕조(주전 323-30년)의 인구는 490-750만 명이다. 당대 가장 번화했던 항구 도시 알렉산드리아는 인구가 50만 명이다. 모세와 같은 연대인 주전 1500년에 전 세계 인구수는 3,800만 명 정도라고 인문 건축가 유현준은 앞의 책《공간 인간》에서 밝힌다. 일본 태생의 작가 시오노 나나미는 그의 책《로마인 이야기》(한길사, 1996) 제5권에서 "율리시스 카이사르(Gaius Julius Caesar)가 최고 권력자로 있던 기원전 40년경 로마시의 인구는 100만 명 정도"라고 했다. 유발 하라리(Yuval Harari)는 정보 네트워크로 보는 인류 역사서《넥서스》(김영사, 2024)에서 주후 79년 폼페이 인구는 약 1만 1,000명이고 3세기에 로마제국의 인구는 6,000-7,500만 명이라고 말한다.

그렇다면 출애굽 인구를 '대충' 200-250만 명으로 쉽게 처리하면 안 된다. 합리적인 숫자는 없을까? 장정 60만 명을 기준으로 계산해 보자. 200만 명이라 여기는 함정은 '장정' 모두를 결혼한 '가장'(家長)으로 계산하기 때문이다. 가장이 60만 명이니 한 가족을 부부, 두 자녀로 계산하니 240만 명이다. 그런데 성경은 '가장'이 아니라 "유아 외에 보행하는 장정이 육십만 가량"(출 12:37)이라고 했다. 민수기에는 "이 백성의 보행자가 육십만 명"(민 11:21)이라고 기록되어 있고, 성막 재료의 물자 목록을 조달하는 장면에서는 "이십 세 이상으로 육십만 삼천오백오십명"(출 38:26)이라고 했다.

    여기에서 60만 명의 장정을 개인당 4인 가족으로 계산하는 것은 무리이다. 60만 명이 모두 결혼하고 자식이 있는 장정이라고 볼 수 없다. 한 사람의 '장정'에는 20세 이상 미혼 아들이 동시에 포함된다. '장정'에는 부부 2인이 아니라 사별, 이혼, 이방인 출신 부인은 따라 나오지 않을 수 있다. 그러니 부인도 '장정'의 수와 같은 60만 명이라고 계산할 수는 없다. 20세 이하의 비율도 낮다. 출애굽 이전 몇 년은 히브리인 멸종 정책이 있었기에 출산율이 급격하게 줄어들었다. 그렇게 보면 20세 이하의 인구수가 아주 적어서 장정 60만 명에 몇만의 잡족을 합쳐 100-150만 명이 아닐까 추산해 본다. 순전히 상상력에 근거한 숫자이다. 바라는 것은, 뭐든 너무 쉽게 말하고 '대충' 넘어가서는 안 된다는 것이다.

    어떻든, 70명 남짓 이주민이 400여 년 만에 국가 규모의 인구로 불어났다. 인종학으로는 이런 증가율이 가능하지 않다. 60만 명이 되려면 이스라엘이 400년 동안 가정마다 평균 8명의 자녀를 두어야 한다. 불가능한 산술은 아니다. 비옥한 고센 지역에서 잘 먹으면서 피임도 하지 않았다. 100살 넘게 살아 여성의 가임기도 길었기에 기하급수로 불어났을 것이다. 25년마다 인구가 배가한다는 경제학자 토마스 맬더스(Thomas Malthus)의 이론으로 볼 때도 충분히 가능한 일이다.

초정통파 하레디는 "생육하고 번성하라"는 토라 구절을 들어 출산을 신의 뜻이자 제1의 의무로 여긴다. 하레디의 평균 출산 자녀는 7명, 이스라엘 전체 평균의 두 배가 넘는다. 2009년에 75만 명이 2022년에 122만 명으로, 매년 3.8퍼센트씩 증가했다. 이런 흐름이 이어질 때 하레디는 2050년까지 유대인 인구 대비 30퍼센트 가까이 늘어난다는 전망이 가능하다(조선일보, 2025년 3월 12일).

지름길을 버리고

하나님은 홍해 쪽의 광야로 인도하셨다. 백성들이 하나님과 꼬이기 시작한 지점이 여기부터다. 시나이(시내) 광야는 '아무것도 없는 6만 2,400제곱킬로미터'라 불리는 반도이다. 시나이반도를 통과하는 길은 북부, 중부, 남부 세 길이 있다. 가장 짧은 직선은 북부이다. 왕들은 원정에 이 길을 이용했고 아브라함, 요셉, 아기 예수님도 이 길로 이집트로 갔다. 이집트는 여기에 군대를 주둔시키고 성채를 건설했다. 이 길에는 십계명을 받을 만한 산이 없다. 이 길은 아니다.

이스라엘이 걸었던 길은 남부 길로 추정된다. 다른 길보다 오아시스가 많다. 시나이 광야에만도 450개의 오아시스가 있었다 한다. 반면에, 취약점은 추위가 심했고 가나안과는 멀어지기에 심리적인 낙담이 크다.

라암셋에서 블레셋 방면으로 곧장 나가면 4일이면 도착할 지름길, '가사'를 통과하는 지중해 해안의 길이 있지만 하나님은 그 길로 인도하지 않으셨다. 해변에 거주하던 블레셋 부족과의 충돌을 피해 홍해 쪽으로 우회하여 돌아가게 하신다(출 13:17).

왜 그러셨을까? 이스라엘이 탈출을 포기하고 이집트로 복귀할 가능성이 있었다. 노예 수준의 생활을 정리한 지 얼마 되지 않아 조직이 미비했다. 따라서 전쟁을 치를 군사적인 준비뿐 아니라 마음의 준비도 되어 있지 않았다. 블레셋은 다섯 개 연합(가사, 아스글론, 아스돗, 가드, 에그론)으로 형성된 도시국가이지만 전투력이 강했다. 이들과 맞붙게 되면 당연히 패할 것이고 이에 낙심천만하여 탈출을 후회하면서 이집트로 유턴할 소지가 충분했다(민 14:3). 하나님은 이런 일을 미연에 방지하기 위해 여섯 배나 먼 광야 길로 인도하신 것이다.

또한 모세가 하나님을 만났던 시나이산으로 인도하시기 위한 조처이다. 시나이산 율법이 없이 직통으로 가나안에 들어간다면 성별의 준비를 하지 못했기에 가나안 원주민과의 무분별한 혼합은 불을 보듯 뻔하다. 이 지점에서 광야로 인도하신 것에는, 이집트의 때를 완전히 벗겨 내고 여호와 하나님의 백성으로 거듭나게 하시려는 의도가 다분히 숨겨져 있다.

이스라엘은 하나님의 이적을 전면적으로 체험하지 못했다. 아홉 번의 재앙은 대부분 고센 땅 밖에서 진행되었다. 참상을 목격한 사람도 있지만 대부분 입소문에 근거했다. 장자의 죽음도 밤중에 일어났다. 무서운 학살 광경을 누구도 제대로 본 바가 없다. 밖으로 나가지 말라는 모세의 당부가 있었기 때문이다. 그래서 죽음의 사자가 문설주를 넘어 방 안으로 들어가거나 문설주를 유월하는 그 광경을 보지 못했다. 그만큼 하나님의 능력을 목도하지 못했다는 것이다.

이스라엘은 광야 40년을 견디면서 제사장 국가로 태어나야 할 민족이다. 웅장한 홍해 사건이 일어나야 하고 하나님이 얼마나 강한 분이신가를 두 눈으로 똑똑히 목도해야 한다. 이집트에서 일어난 단기간의 이적으로는 부족했다. 그래서 광야로 인도되었지만, 고센이라는 목축지에서만 살아왔던 이스라엘은 그 상황을 인정할 리가 없다. 그래서 벌써 심기가 불편하다.

이스라엘은 광야를 행진하는 중에 숙곳에 장막을 쳤다. 라암셋에서 남동쪽으로 약 51킬로미터 떨어진 지점이다. 야곱이 에서와 재회 후에 축사를 지었던 숙곳과는 다르다(창 33:17; 수 13:27). 광야 끝자락 에담에 장막을 세웠을 때 구름 기둥과 불 기둥이 등장한다(출 13:21-22). 낮에는 구름 기둥이 뜨거운 햇볕을 막아 주고 밤에는 불 기둥으로 변해 얼어붙을 추위에서 보호해 주었다. 사막의 색이 대부분 검은 것은 추위와 관계가 있다. 염소들도 검은색, 베두인의 천막, 심지어 풍뎅이까지도 검은색이다. 검은색은 열을 흡수해 두기에 추위에서 보호해 준다.

야곱의 자손들은 40년 동안 두 기둥의 인도를 받으면서 하나님의 백성 히브리인으로 탈바꿈을 해 나가고 있다. 이 점이 해결되어야 이집트 탈출의 진정한 완성이라 할 수가 있다.

파라오의 추격

출애굽이 '떠남'이 아니라 '탈출'로 설명될 수밖에 없는 것은 언제라도 파라오의 추격을 받을 수 있기 때문이다. 사실이 그랬다. 히브리 부족이 떠났다는 소식을 듣자 파라오는 판단을 크게 잘못했다는 사실을 깨달았다. 장자의 죽음 앞에서 더는 묶어 놓을 수 없었지만, 자신에게 철저한 패배와 굴욕을 안겨 준 부족 따위에게 은금 패물을 내어주고 잘 가라, 인사까지 하면서 보냈다는 것은 이집트 제국 '불멸의 존재' 파라오의 존엄에 허락되지 않았다.

이에 파라오는 급히 추격을 개시하여 이스라엘을 따라잡았다. 노인과 여인, 유아들은 마차에 태우고 장년들은 도보로 행진했기에 속도가 빠르지 못해 며칠 만에 따라잡을 수 있었다. 앞에는 홍해가 있고 뒤에는 이집트 군대가 있다. 전진도 후진도 할 수 없는 사면초가이다. 처음으로 위기를 맞닥뜨린 이스라엘 백성은 하나님께 부르짖었다. 처음에는 기도로 시작했지만 얕은 믿음은 원망과 탄식, 낙심, 후회가 엉킨 불신앙의 항의로 이어졌다.

애굽에 매장지가 없어서 당신이 우리를 이끌어 내어 이 광야에

서 죽게 하느냐 어찌하여 당신이 우리를 애굽에서 이끌어 내어 우리에게 이같이 하느냐 출 14:11

눈앞의 지름길을 두고 돌아가는 길로 방향을 잡았을 때부터 불만이 많았지만 참고 견디다가 홍해 앞에서 불신을 드러낸다. 이집트는 탈출했으나 이집트의 애착에서는 탈출하지 못했다. 삶이 힘들어 파라오의 학정에서는 탈출했지만, 하나님에게로 입성하지는 못했다.

현대 교회에도 이런 신자들이 있다. 바울은 이들을 '육신에 속한 그리스도인'이라고 규정한다(고전 3:1). 세상에서는 탈출했으나 세속에서는 탈출하지 못했다. 그러기에 언제라도 떠나왔던 길로 돌아갈 사람들이다. 설령 교회에 들어오고 세례를 받았다 해도 끈질기게 탈출을 막는 세력이 있다.

이집트의 파라오는 평생 우리 안에서 거룩한 생활을 반대하는 사탄의 세력이다. 광야의 이방 부족들도 이스라엘의 탈출을 훼방한다. 내부에는 잡족들이 있다. 언약 사상이 없는 잡족들은 위험에 처할 때마다 이집트로 돌아가자고 백성들을 충동한다. 모두 내 안에 있는 잔재 세력들, 내 믿음의 성장을 훼방하며 반대하는 파라오들이다.

그렇게 세속에서 탈출하지 못하는 신자들로 인해 교회는 천성 가나안으로의 진군이 방해를 받고 뒷걸음질을 한다. 그러면서 교회 안에 세속이 확산되어 간다. 당연히 짠맛을 잃어버린 소금이 되고 교회는 세상의 조롱거리가 된다.

그런데 대부족 히브리인이 떠난 일이 이집트 역사에는 왜 한 줄의 기록도 없는 것일까? 엄청난 사건일 텐데 말이다. 그래서 출애굽기의 역사를 허구로 취급하는 이들도 있다. 이에 대해 크리스티앙 자크는 《파라오 제국의 파노라마》(시아출판, 2001)에서 간략하게 설명하고 있다.

> 상당한 기간의 이집트 역사에 관한 문서가 거의 존재하지 않는다. … 그리스, 로마 문명은 그들의 역사가들을 낳았으며, 과거에 몰두하면서 역사적 해석을 남겼다. 그런데 파라오 문명의 유구한 역사에도 불구하고, 그들의 역사를 그들의 언어로 기록한 사람은 없었다. … [출애굽기] 이 사건이 성서에서는 매우 강조되고 있지만, 이집트인의 눈에는 별로 중요하지 않다는 점이다. 그들에게 출애굽기의 유대인들은 단지 적응하지 못하고 이집트를 떠나는 베두인족의 한 집단일 뿐, 놀라울 것도, 주목할 것도 없는 사건이다.

이집트는 새로운 파라오가 나타날 때마다 새로운 역사가 시작되기에 지난 역사는 과히 중요하지 않다고 자크는 해석한다. 그래서 30여 왕조 중에 겨우 3분의 1 정도를, 그것도 부분적으로 알 수 있을 뿐이라고 말한다. 왕조의 역사도 제대로 취급하지 않았다면 무참하게 패배한 역사를 뭐가 그렇게 자랑이라고 기록하려 할까. 철저히 함구함으로 역사에서 지워 버린 것이다.

이스라엘 백성은 드디어 탈출에 성공했다. 꿈만 같은 일이다. 이제 새 백성이 되는 것이다. 하나님은 우리에게도 탈출을 명하신다.

"내 백성들아, 이집트에서 나와라! 세상에서 탈출하라! 너의 본성에서 탈출하라! 나쁜 성격의 통치를 받지 말라!"

하나님의 음성에 응답하려면 내 자아가 깨지고 알에서 나오려는 날갯짓과 몸부림이 필요하다. 그러려면 제대로 홍해를 거쳐야 한다. 그런데 많은 신자가 인생의 홍해 앞에서 허둥대거나 돌아서게 된다.

Chapter 13

홍해 | 죽음의 장소에서 기적이 시작되다

파라오의 추격전이 벌어졌다. 이집트 군대는 크게 보병과 기병, 전차병으로 구성되었다. 보병은 징집병과 용병이 섞인 혼성 군대였는데, 봉급을 받거나 전리품을 나눠 주는 방식으로 보상해 주었다. 군대의 핵심 장교들은 대부분 왕립 서기와 엘리트들이었다.

이집트의 강력한 무기는 전차병이었다. 전차 군단에 속한 병사들은 제작비를 충당할 수 있는 부유층과 고관 계급으로, 대부분 왕실이나 외교관 자식들로 구성되었다. 초기 문명 이집트는 청동기 문화였다. 나일강의 수혜로 농산물의 생산량이 많아지니 운반할 교통이 필요했다. 그래서 마차가 등장한다.

셈족 힉소스 왕조는 청동기 무기 전차 기술을 도입했다. 우리나라는 70퍼센트가 산지이지만 이집트는 나일강 주변으로 넓은 평야 지대이다. 평지에서 마음껏 달리는 청동기 무기 전차는 적들에게는 가공할 만한 무기였다. 이집트는 전차 부대를 통해 주변 국가들을 정복하고 세력을 확장하면서 3천 년 가까이 하나의 국가로 안정된 제국을 만들어 냈다.

파라오는 전차 부대와 기병대를 직접 인솔했다. 전차를 기막히게 잘 몰았다는 말도 있다. 달리기와 조정, 궁술, 승마에도 능했다. 국운을 건 전쟁에서조차 왕이 병사들을 인솔하고 최전선에 앞서는 일은 드물다. 왕은 국가의 상징이기에 왕이 전사할 경우 승패와 관계없이 나라는 혼란을 겪기 때문이다.

파라오의 추격전

그런데 이번 추격전에서는 파라오가 직접 군대를 이끈다. 그만큼 히브리인의 탈출이 제국에 끼치는 영향이 컸다.

우선은, 파라오의 리더십이 치명타를 입었다. 파라오는 군주이면서 신과 같은 존재였다. 불멸의 신은 아니어도 신을 대리하는 존엄이었다. 그런 존엄이 모세와의 대결에서 패했다는 것은 파라오의 패배이면서 여호와에 대한 이집트 신의 패배였다. 파라오의 권위가 흔들리는 것은 당연하지만 이집트 신의 명성을 떨어뜨린 결과까지 책임져야 한다. 여기서 제대로 처신하지 못하면 막강한 영향력을 행사하고 있는 신전의 대신관과 사제들에게 비난의 대상이 된다. 신전의 인정을 받지 못한 파라오는 권좌를 지키지 못한다.

노동력도 문제였다. 히브리인은 신전과 성을 쌓고 석탑을 올리는 노역에 동원되었다. 신들에게 지상의 거처를 제공하는 신전은 이집트의 정신이고 성벽은 이집트의 울타리이면서 힘의 상징이다. 얼마나 큰 신전을 건축했는가, 얼마나 웅장한 성을 남겼느냐로 파라오의 업적이 평가되기도 했다. 히브리 부족은 장정이 60만 명이나 되는 노동 시장이다. 그들이 빠져 버리면 당장 신전과 성의 건설이 중단된다. 그러면 민심이 떠나고 경제 침체로 이어진다.

모세에 대한 파라오의 개인적인 원한도 깊다. 파라오 아멘호텝 2세는 모세의 경쟁자였다. 종적을 감추었던 모세가 마르고 낡은 지팡이를 들고 왕실로 들어온 날부터 파라오는 본능적으로 싫었다. 히브리 혈통을 속이고 이집트 왕실에서 온갖 영화를 누리고 교육을 받았다는 것만도 괘씸한데 열 번의 대결에서 한 번도 이기지 못한 것에 자존심이 구겨졌다. 모세를 이길 수만 있다면 왕관을 제외하고는 무엇이라도 포기할 수 있을 만큼 증오스러웠다.

이런 이유로, 파라오가 출병한 것은 나흘째 되는 날이다. 사흘을 기다린 것은 모세가 제사를 드리고 돌아오겠다는 그 말(출 8:27)을 내심 믿고 싶어서였을까? 그게 아니라 파라오에게는 명분이 필요했다. 이집트를 떠나도 좋다고 선포해 놓고 당장 추격해서 학살하고 잡아 온다면 천하의 비웃음거리가 된다. 그러면 누가 파라오의 약속을 믿을까. 그래서 3일간 동태를 살피며 기다렸다.

하나님은 파라오의 마음을 강퍅하게 하셨다. 파라오와 이집트가 자랑하는 전차 부대를 홍해로 유인해 내시기 위함이다. 아직도 하나님의 영광은 온전히 드러나지 않았다. 열 번의 재앙을 통해서도 다 드러내지 않으셨던 전능하심을 드러낼 기회를 만드셨다. 이제 온 이스라엘이 동시에 목격하게 하심으로 여호와만이 천상천하에 유일한 하나님이심을 알리려 하신다.

이스라엘은 3일 만에 광야에 갇혀 버렸다. 앞에는 홍해 바다, 양쪽에는 산이며, 뒤에는 끝없이 펼쳐지는 사막으로 포로 신세였다. 파라오가 보기에 오합지졸인 놈들이 광야에서 떠돌던 사이비 지도자의 말만 듣고 출발했다가 모든 것을 잃게 된 것이다. 이집트 신이 도운 것이다.

파라오는 병거에 올라타서 추격한다. 병거는 마모가 심한 부위의 청동, 철을 제외하고는 신속한 이동을 위해 나무와 가죽으로 만들었으며 뒷부분은 개방되고, 앞면과 양면을 둘러 약 80센티미터가량의 반원형 보호벽이 쳐 있다. 주로 2인용, 4인용이며 그리스, 아시리아의 전차와 모습이나 용도가 비슷했다.

특별 병거 600대는 정예화된 특공대이다. 특공대를 동원한 것은 히브리 부족을 찾아오는 것을 전투로 보았다는 뜻이다. 특공대와 함께 일반 전차도 출정했다. 이스라엘이 출애굽한 지 약 6일쯤 되는 날, 파라오의 군대는 불과 2일 만에 홍해 앞에서 따라잡았다.

홍해가 길을 내다

홍해(紅海). 원주민의 황색 피부 색깔에서 유래되었거나 빛나는 암석과 바다 밑에 깔린 산호 등의 침전물로 붉은 물빛을 띠었기 때문에 붙여진 명칭이다. 이스라엘은 수에즈만 북단과 술 광야(또는 바란 광야)를 경유하여 가나안 방향으로 나아갔던 것 같다. 이스라엘이 직면한 홍해는 후보지가 몇 있지만, 현재의 수에즈만 지역으로 보는 견해가 지배적이다. 갈대가 무성하여 '갈대바다'라고도 한다.

백성들은 홍해 앞에서 어쩔 줄을 몰랐다. 단기간에 열 재앙을 보았으면서도 여호와를 깊이 신뢰하기에는 이집트의 늪이 너무도 깊었다. 이집트를 섬기는 것이 광야에서 죽는 것보다는 낫겠다고, 낙심 어린 탄식을 한다. 모세는 담대함을 보였다.

> 너희는 두려워하지 말고 가만히 서서 여호와께서 오늘 너희를 위하여 행하시는 구원을 보라 출 14:13

하나님에 대한 온전한 사랑과 신앙을 회복하라는 말이다. 이어 여호와께서 대신 싸워 주시니 가만히 있으라고 백성들을 다독인다. 하나님의 사자가 움직인 것은 그때이다(출 14:19). 구약에서 '여호와의 사자', '하나님의 사자'란 대체로 성육신 이전의 그리스도를 칭한다(창 16:7 참고). 구약에서 제2위의 하나님, 즉 성자 하나님이 등장하시는 것은 종종 있는 일이다(단 3:25). 구름 기둥이 이스라엘의 뒤로 가더니 군사들을 막아선다. 중국 무협지에서 말하는, 일종의 결계(結界, 보호막)를 치신 것이다.

하나님의 명으로 모세가 바다 위로 손을 내밀자 갑자기 동풍이 불어온다. 얼마나 뜨겁고 강렬한지 바다를 마른땅으로 만들어 낸다. 홍해는 평균 수심이 약 500미터, 최대 수심은 2,213미터이다. 독일 함부르크의 연구자 알렉세이 안드로소프(Alexei Androssov)는 바람이 초당 68마일(109킬로미터) 속도로 밤새도록 불었다면 바다가 거의 바닥을 보일 만큼 갈라질 수 있다고 한다. 영국 케임브리지 대학의 물리학자 콜린 험프리(Colin Humphreys)는 "딱 그 순간 모든 조건이 절묘하게 맞아떨어졌다는 게 기적"이라고 했다. 그만큼 하나님이 기적을 일으키실 때는 필요한 모든 것을 동원하신다. 딱 그런 순간이었다. 바다가 좌우로 갈라져 벽이 생기면서 길이 되었다. 레온 J. 우드(Leon J. Wood)는 갈라진 통로의 폭이 1마일(1,609미터) 정도는 족히 되었을 것이라고 해석한다(《호크마 주석》).

모세가 바다 위로 손을 내밀자 즉시 홍해가 갈라졌다고 상상하지만 실제로는 여러 시간 동안 사막에서 불어온 뜨거운 거대 열풍으로 서서히 갈라졌다. 그만큼 모세의 수고는 컸고, 이스라엘은 그 엄청난 광경을 장시간을 목격하며 두려움과 감동에 떨었고 여호와 신에 대한 믿음을 키워 냈다.

이스라엘은 바다 가운데 생겨난 육지로 건넌다. 이집트 전차와 기병대는 구름 기둥의 결계에 막혀 진입할 수가 없다. 구름 기둥은 안개 정도가 아니다. 일단 들어가면 강렬한 힘에 눌려 사방팔방을 알아볼 수가 없기에 그 안으로 전차가 진입할 수가 없다.

파라오는 분노에 찬 눈으로 동태를 살피다 진격 명령을 내린다. 기병대가 이스라엘의 뒤를 추격했지만, 여호와께서 진영을 교란하시자 공포에 떨면서 방향을 잃어버렸다. 바퀴는 벗겨지고 말들은 소리를 지르며 제멋대로 날뛴다. 병사들은 말과 병거를 통제할 수가 없자 열 재앙이 생생하게 떠오르며 공포감에 휩싸였다. 열한 번째 재앙이 일어나고 있다! 속히 말을 돌려 빠져나가려 했을 때 모세가 손을 바다 위로 내밀자 양쪽으로 갈라졌던 벽이 무너지고 바닷물은 무서운 속도로 합쳐진다. 이집트 군대가 떼죽음을 당한 것은 물론이다.

홍해 앞에서 찬양하다

이집트 군사들은 전멸했다. 우리가 세례받을 때 이런 전멸이 일어나면 얼마나 좋을까. 예수님을 믿기 전에 나의 죄성, 기질, 쓴 뿌리, 육신의 성향, 세상 자랑… 모든 것이 세례의 바닷속에 모두 수장되었으면 좋겠다.

물세례 정도로는 되지 않는다. 성령세례를 받아야 이집트에서의 모든 삶이 청산된다. 그러나 대부분 성령세례가 없이 물세례로 믿음을 시작한다. 홍해의 물은 이집트 군사들을 전멸시켰지만, 물세례는 패잔병을 남긴다. 그것이 물세례를 통과한 이후에도 죄의 숙주가 되어 계속 우리를 추격하며 때로는 통제한다.

이스라엘은 이집트 파라오와 군사들이 전멸되는 열한 번째의 처참한 재앙을 바라보면서 죽음에서 구원해 주신 하나님을 찬양한다. 모세와 백성들이 먼저 찬양한다.

여호와는 나의 힘이요 노래시며 나의 구원이시로다 그는 나의 하나님이시니 내가 그를 찬송할 것이요 내 아버지의 하나님이시니 내가 그를 높이리로다 출 15:2

이어 미리암과 여인들도 소고를 잡고 춤을 추며 "너희는 여호와를 찬송하라 그는 높고 영화로우심이요 말과 그 탄 자를 바다에 던지셨음이로다"(출 15:21)라고 찬양한다. 한홍 목사님의 《하나님과 함께 걸어가는 길》(규장, 2019)에서 "기도는 우리를 영적 싸움에서 견디게 하지만 찬양은 영적 싸움을 끝내게 한다"라는 문장을 읽는다.

홍해 부근은 찬양으로 뜨겁다. 겁먹었던 마음, 불신으로 채웠던 마음이 찬양으로 치유를 받는 순간이다. 음악치료사 정필은은 찬양의 힘을 말한다.

애굽을 탈출하고 홍해를 건넌 이스라엘 백성이 불렀던 찬양…, 단순한 감정의 표현을 넘어 개인과 공동체를 치유한 음악들이다. 어쩌면 음악에는 리듬과 멜로디, 화성뿐 아니라 영혼을 만지는 힘이 깃들어 있는지도 모르겠다.

우리가 세례를 받은 이후 곧장 가나안 천국 생활을 하는 것은 아니다. 기다리고 있는 것은 광야이다. 나를 부인하지 않으면 걸어갈 수 없는 험하고 좁은 길이다. 교회를 다니면 모든 일이 잘 될 줄 알고 기대감으로 출발하지만, 신앙의 길은 때로는 메마른 광야이다. 그 광야에서 우리는 불평하고 원망하며 자꾸 지난 세월로 돌아가려고 한다. 그래도 광야로 나가야 한다.

Part

3

다시 광야, 그 고난의 시간 속에서

Chapter 14

광야 | 그래도 우리에게 길이 있다

　이집트를 탈출하고 종살이 같은 신분에서 해방되다니, 얼마나 흥분되었을까. 400여 년의 기나긴 세월이었다. 제법 먹고사는 이들도 대부분 이집트를 떠났다. 물론 잔류한 사람들도 있을 것이다. 어느 집단에나 그런 무리는 있기 마련이다. 이집트를 떠날 때는 여호와께서 약속하신 땅에 들어가서 자손만대로 행복하게 살 것(신 8:1)이라는 꿈이 있었다.

　하나님이 약속하신 땅은 옥토이다. 미국 서부 개척 시대를 이끌었던 동력이 금광이라면 고대 근동에서 번영을 뜻하는 단어는 젖과 꿀이다. 그래서 하나님의 약속 외에는 아무런 보장도, 지도도 없이 이집트를 떠나는 대모험을 감행한 것이다. 그런데 하나님이 그들을 불러들이신 곳은 젖과 꿀이 흐르는 땅이 아니라 위험하기 짝이 없는 광야였다.

젖과 꿀은 미끼?

하나님은 지름길 코스를 두고 광야로 끌어내신다. 약속 위반이 아닐까? 처음부터 광야로 가자면 따라나서지 않을까 봐 젖과 꿀이라는 미끼를 던지신 것일까? 광야에서 죽을 고생만 한 것이 아니라 60만 명, 그것도 힘의 상징인 장정들이 실제로 죽었다. 얼핏, 하나님이 사기 치신(?) 것처럼 보인다.

유대인들 사이에서는 "내가 가장 싫어하는 위인이 모세요!"라는 말을 농담 삼아서 한다. 석유가 흐르는 땅이 아니라 수고하여 젖과 꿀을 내야 할 땅으로 인도했기 때문이다. 이왕이면 석유가 저장된 중동으로 땅을 떼어 주지…. 이스라엘의 유명한 풍자 작가 에프라임 키숀(Ephraim Kishon)도 《모세야, 석유가 안 나오느냐?》(한쟁, 1979)에서 그런 너스레를 떤다.

이스라엘 건국의 영웅이자 여성 총리를 역임한 골다 메이어(Golda Meir)도 "우리 이스라엘인이 모세에 대해 불만이 좀 있다. 그는 우리를 40년이나 광야를 헤매게 한 뒤 중동에서도 석유가 나지 않는 땅으로 이끌었다"라고 푸념한 적이 있다. 유대인이지만 무신론자이기에 능히 그런 말을 할 수가 있겠지만, 사실 대부분의 유대인도 가나안보다는 석유 천국 중동으로 인도를 받았으면, 하는 아쉬움이 있을 것이다. 하나님과의 관계를 염두에 두지 않는 생각들이다.

이스라엘이 걷는 광야는 텅 비고 아득히 넓은 황무지이다.

빨리 벗어나고 싶은데 언제 끝나나 싶게 넓고 멀고 아득하다. 구불구불한 길이면 견디기가 조금은 나은데 끝이 없는 황무지이기에 더 지치고 힘들다. 이집트에서의 삶 자체가 광야였다. 이방 민족이라 깔보고, 사내 아기는 죽임당하고, 장정은 성읍 건축에 동원되고, 딸은 몸종이 되었다. 하루하루가 고되니 사는 자체가 광야였다. 이들에게 "가나안 복지로 가자!"라는 모세의 기치(旗幟)는 그야말로 장밋빛 약속이었다.

그런데 막상 홍해 바다를 건넜더니 가나안이 아니라 광야이다. 광야에는 먹을 것도 쉴 곳도 없다. 이후에 전개되는 상황이지만, 광야에 들어선 지 얼마 되지 않아 가데스 바네아에서 장정들은 가나안 입성 금지가 예고되었다. 그런 사실을 알면서 오랜 세월을 뺑뺑이 돌듯 유랑하며 산다는 것은 죽을 맛이다. 하나님은 이스라엘 백성을 왜 메마른 광야로 인도하셨을까?

광야가 주는 이미지들은 거칠다, 없다, 고생, 피로, 두려움, 배고픔, 위협, 갈증 등이다. 그러면서도 걷고 또 걸어야 한다. 광야에 좋은 이미지는 거의 없다. 광야를 건너지 못하고 사람도 죽고 낙타도 죽고 군대도 죽는다. 이런 광야 길이 40년이다. 얼마나 지치고 힘들었을까. 모세는 "너희가 보았던 그 크고 두려운 광야"(신 1:19)라고 표현한다. 광야의 영성과 신비성을 쉽게 논하는 사람들은 광야가 주는 두려움과 위험을 제대로 겪어 보지 않았기에 하는 말이다. 그만큼 사막과 광야에서 겪는 고난과 고통을 과소평가해서는 안 된다.

광야는 단절된 곳이다. 세상과의 단절, 이집트와의 단절, 가나안 세속 문화와의 단절이다. 오직 하나님의 성결 문화만이 있는 광야에서 하나님은 순전하게 하나님을 받아들이라고 불 기둥, 구름 기둥으로 인도하시고 만나와 메추라기를 먹이시면서 하나님을 체험하게 하셨고 만나게 하셨다.

광야는 황량하게 보이는 황무지이지만 영적으로는 침묵과 묵상의 최적지이다. 세속 문화와 인본주의가 단절된 곳, 어떤 소음이나 잡음도 들리지 않는 곳, 묵상을 통해 하나님의 음성을 듣고 하나님과 교제를 나누면서 이집트의 때를 씻어 내고 벗겨 내는 정결의 성소로는 광야가 적격이다.

하나님은 그래서 이스라엘을 광야로 인도하신다. 광야는 가나안에 입성하기 전에 신앙 성장을 위해 말씀으로 훈련하는 사관학교이다. 이스라엘은 가나안의 졸병이 아니다. 젖과 꿀이 흐르는 가나안 땅에서, 세계 구원사의 역사를 펼치는 무대에서 주역으로 살아야 할 개척자요 전사들이다. 그래서 신세대를 독하게 훈련하시려 광야를 걷게 하신 것이다.

인생의 광야에서

성경에서 쓰임 받은 인물들은 광야를 지났다. 예수님은 공생애 시작 전에 40일을 광야에서 금식하며 하나님의 음성을 들으셨다. 모세는 미디안 광야에서 온유함을 배웠다. 세례 요한은 요단 광야에서 담력을 쌓고 메시아 시대를 열었다. 엘리야는 호렙산이 보이는 광야로 나가 사역을 재정비했다. 유대인에게 광야는 하나님과 독대하면서 거룩을 훈련받는 곳이다.

이스라엘이 광야로 들어간 일은 운수가 나빠서가 아니다. 하나님이 그들을 사랑하시기에 광야로 인도하신 것이다. 티베트 자치구의 중앙부에 있는 관광 도시 라싸는 해발 3,700미터 지점에 있다. 고원 평지 지형으로 인해 온화한 기후이며, 연간 3천 시간 이상의 일조량으로 '햇볕 도시'라고 부르기도 한다. 이곳에서는 비행기보다 기차나 느린 교통편이 좋다. 단시간에 도달하는 비행기편으로 이동했다가는 고산병에 걸리기가 쉽기 때문이다.

하나님이 이스라엘을 광야로 인도하신 원리가 그렇다. 이집트에서 출발하고 며칠 만에 가나안에 입성했다면 이집트의 습성이나 관습, 종교적인 성향들을 제대로 처리해 낼 시간이 없다. 그래서 광야로 방향을 돌리신 것이다. 이스라엘이 이 사실을 알았다면 광야의 기간을 잘 활용했을 것이다.

작가이자 저널리스트인 브루스 페일러는 광야를 탐험하면서 만났던 오페르(Ofer)라는 사람의 말을 《워킹 더 바이블》에 옮긴다.

> 모세는 이스라엘 백성 없이 하나님과 단둘이라면 약속의 땅으로 쉽게 갔을 거예요. 그 반대로 하나님 없이 이스라엘 백성하고만 갔더라도 쉽게 갔을 거예요. 하지만 하나님과 이스라엘

백성이 함께 가는 걸 선택했어요. 그래서 대안은 양쪽이 사이 좋게 지내는 걸 배울 때까지 사막에 머무는 것뿐이었습니다. 그 때문에 그들은 40년 동안 꼼짝을 못 했어요. 이스라엘 백성과 하나님이 함께 사는 법을 배우는 데 아주 오랜 세월이 필요했거든요.

오래전에 집안의 우환으로 광야를 걸었던 시절이 있었다. 그때는 하나님이 보이지 않아 외롭고 지치고 힘들어 목회 중단까지 생각했었는데 뒤돌아보면 이제는 참 잘 보인다. 그때의 하나님이 이제는 왜 그리 잘 보이는지, 광야의 은혜가 지금 평지의 은혜보다 훨씬 크다. 같이 아파해 주시고 안아 주시고 품어 주시는 은혜의 하나님이셨다. 그때 광야에서 주셨던 은혜로 오랜 평지에서의 목회 길을 걷다가 때가 되어 은퇴의 오아시스에서 행복한 날을 보내고 있으니 기쁘다.

우리가 광야에서 평생 살면서 고생하라고 광야 길을 걷게 하시는 것은 하나님의 본심이 아니다. 광야는 정착지가 아니다. 하나님은 목적지를 향해 광야를 지나게 하신다. 그러니 광야를 통과하려면 출구 방향을 잘 봐야 한다. 아무 데서나 나가면 안 된다. 하나님이 지시하시는 출구로 나가야 한다. 그 출구는 돌아서 가든 더디 가든 불 기둥과 구름 기둥이 나아가는 방향이다.

Chapter 15

불 기둥 | 불꽃 같은 하나님이 안위하신다

    이스라엘 백성의 광야 생활 하면 가장 먼저 떠오르는 것이 불 기둥, 구름 기둥이다. 두 기둥은 이집트에서 출발해서 첫 숙영지 숙곳을 떠나 광야 끝 에담에 장막을 쳤을 때 출현한다. 에담은 이집트 동쪽 국경 지방을 경계하는 요새 일부였다. 숙곳에서 에담까지의 거리는 라암셋에서 숙곳까지 거리와 마찬가지로 하루 여행길이다. 두 기둥은 교차하며 낮과 밤을 인도해 주었다.

    여호와께서 그들 앞에서 가시며 낮에는 구름 기둥으로 그들의 길을 인도하시고 밤에는 불 기둥을 그들에게 비추사 낮이나 밤이나 진행하게 하시니 낮에는 구름 기둥, 밤에는 불 기둥이 백성 앞에서 떠나지 아니하니라 출 13:21-22

    이때부터 시작된 불 기둥과 구름 기둥과의 동행은 만나처럼 광야 40년을 함께했다.

성경 이적 중에서 내가 가장 보고 싶고 느끼고 싶고 만져 보고 싶은 것이 두 기둥이다. 어마어마한 기둥처럼 생겼을까? 원자 폭탄이 폭발할 때 만들어 내는 버섯 모양으로 이스라엘 백성을 인도하고 보호했을까? 아니면 무림 고수들이 펼치는 결계와 같은 형상일까? 이동 모습, 크기, 높이, 둘레, 온도, 모양 등 모든 것이 궁금하다. 영화나 그림으로야 보았지만 내 상상에는 제대로 미치지 못한다.

백수십만 명의 행렬을 담아내는 불 기둥, 구름 기둥이라면 그 크기와 넓이가 사람의 시야에 과연 다 들어올 수나 있을까? 그 어마어마한 광경에 제대로 쳐다볼 엄두도 나지 않을 것이다. 그 광경을 직접 보고 싶지만, 안달은 아니다. 하나님이 그리 보고 싶으면 어서 천국으로 오너라, 하실까 봐서 일단은 호기심을 눌러야 한다. 살 만큼은 살았지만 내가 드러내 주어야 할 성경 인물들, 아브라함, 이삭, 다윗, 엘리야, 베드로, 바울, 도마 등이 더 있기에 아직은 이 땅에 있고 싶다.

신적 기원과 초자연적 성격

구름 기둥과 불 기둥의 발현에 대한 다큐멘터리가 "히스토리 채널"에서 방송되었는데, 그 실체는 이스라엘 백성이 이집트 군대의 추격을 피하려고 낮에는 연기로 장막을 만들고 밤에는 불로 장막을 만들어 시야를 교란한 것이라고 설명했다. 계몽주의 시인 요한 볼프강 폰 괴테(Johann Wolfgang von Goethe)는 구름 기둥은 행군 중에 일어나는 먼지이며, 불 기둥은 밤을 밝히기 위해 지핀 불의 미광(微光)이라 했다. 사막을 횡단하던 대상이나 군인들의 길 안내를 위해 피워 놓은 향로로 낮에는 연기로 인해 구름 기둥으로 보이고, 밤에는 그 불빛이 기둥처럼 보였다는 설명도 있고, 하나님의 임재를 간절히 소원한 백성들의 마음을 표현한 상징적 묘사라고도 한다. 상식에도 맞지 않는 그런 설명은 왜 하는지 모르겠다.

구름 기둥, 불 기둥은 사실 그대로 신적 기원과 초자연적 성격을 지닌 실제적 현상이다. 따로 존재하는 별개가 아니라 한 기둥이 이중적인 현상으로 나타났다(출 14:24). 낮에는 구름 기둥이 되었다가 사방이 어두워지면 서서히 불 기둥으로 자연스럽게 변한다.

구름 기둥과 불 기둥은 길 인도만이 아니라 보호 역할도 했다. 모세는 이스라엘이 걸었던 광야를 "광대하고 위험한 광야 곧 불뱀과 전갈이 있고 물이 없는 간조한 땅"(신 8:15)이라고 회고한다. 훗날 '이렇게 광대하고 무서운 사막'을 건넌 민족은 아무도 없다며 그들끼리도 놀랐을 지경이다. 그 광야를 40년 동안 걷고 또 걸었다. 바다를 끼고 도는 제주도 올레 같은 풍광을 걸었던 게 아니다. 정해진 길은 없다. 자갈밭, 가시밭, 사막 길에, 모래밭도 있다. 상처가 나고 벌레에 물리고 더운 기후에 곪아서 고름이 나고 아리고 쓰리고…. 이러면서 어떻게 광야를 건넜을까. 마땅한 상비약도 없어 상처가 나면 고스란히 고통을 당해야 한다. 광야를 건널 제대로 된 도구나 장비도 없다. 걷기에 편한 단단한 단화가 있었을까, 복장이나 제대로 갖추었을까. 옷을 만들고 신발을 제작하고 수선할 공장도 없다.

광야는 예측불허이다. 그렇게 긴장된 상태에서 힘들게 걸었다. 유대인이니까, 그만큼 고집도 있었으니 그 무섭고 광대한 광야를 지난 것이다. 다른 민족이라면 1년을 제대로 버티지 못하고 지리멸렬했을 것이다. 그런데 놀랍게도 "의복이 해어지지 아니하였고 … 발이 부르트지 아니"(신 8:4)했다. 물집이 생기지 않았다는 말이다. 말이 되지 않는다. 오랜 세월 걸었으면 당연히 발이 부르트고 물집이 생겨야 한다. 교회 산악회에서 한라산을 등반할 때 나도 고향 산이라고 욕심을 부려서 참가했다가 발에 물집이 생기고 무릎이 아파서 남들 4시간 하산 길을 8시간이나 걸려 민폐를 끼쳤다. 발이 부르트니 한 발짝도 움직일 수가 없었다.

이스라엘은 40년을 걸었다. 물집이 낫지 않았다면 평생을 물집 잡힌 상태로 걷다 주저앉았을 것이다. 부산을 몇백 번 다녀왔을 그 먼 거리에 물집이 생기지 않았다니…. 왜 부르트지 않았을까? 불 기둥에 관하여 혼자서 문학적 상상력을 펼쳐 본다.

불 기둥은 자동 조절 온도계

불 기둥은 어슴푸레한 기운이 찾아드는 저녁 즈음에 등장했다. 광야와 사막은 낮과 밤의 온도 차가 급격하다. 낮에는 더워서 죽고 밤에는 추워서 죽어 나가는 곳이다. 밤에 죽는 사람이 더 많을 수밖에 없다. 이럴 때 불 기둥은 어떤 역할을 했을까?

이스라엘이 홍해를 무사히 지나는 시간에 구름 기둥과 불 기둥이 이집트 군대를 막아섰다. 두 기둥은 동시에 양면성을 보였다. 이스라엘 쪽은 구름 기둥, 이집트 군사들에게는 불 기둥으로 막아섰다(출 14:19-20). 그런데 불 기둥은 오랜 세월 머리카락 하나 태우지 않았다. 호렙산에서도 그랬다. 떨기나무에 불이 붙었으면 활활 타다 숯덩이 재만 남아야 하는데 불이 붙고 몇 시간 타올라도 그대로였다. 양들이 가까이 다가가도 양털에 불이 옮겨 오지 않았을 것이다. 그래서 모세는 그 광경이 너무도 신기해서 가까이 다가갔던 것이다.

이스라엘을 인도하는 불 기둥도 그랬다. 백수십만 명이 일렬로 질서 있게 행동한 것은 아니다. 그러기에는 규모가 컸고 길었다. 지파별, 부족별, 가족별로 장막 촌을 이루어 생활하면서 움직였다. 불 기둥은 넓게 펼쳐진 모든 진을 감싸 주었기에 규모는 상상을 초월한다. 앞서가지만 백성들이 장막 치고 잠을 잘 때는 전체를 아우르는 어마어마한 기둥으로 확장되었다.

이스라엘이 건넜던 광야의 땅은 낮 동안 흡수되었던 태양열로 초저녁에는 열기가 올라오고 새벽에는 냉기가 올라온다. 초저녁에는 더워서 열대야로 잠들지 못하고 새벽에는 추워서 잠을 설친다. 이런 상태로는 절대 40년을 버티지 못한다.

불 기둥은 자동 조절 온도계였을까. 장막 촌 전체를 감싸면서 적당 온도로 땅의 열기를 막고 냉기를 막았다. 수면을 취하기에 적절한 온도는 대략 섭씨 18도에서 20도이다. 불 기둥은 시간마다 쾌적한 숙면에 적당한 온도로 계속 바꿔 주면서 잠을 설치지 않고 푹 자게 했다.

이스라엘을 엄호해 주는 역할도 했다. 히브리 부족은 무장하지 않은 유랑민이지만 불길이 막고 감싸고 있어 먹이 사냥꾼들도 넘볼 수 없었다. 사막에는 지네, 전갈, 불뱀을 비롯해서 물리면 치사율이 강한 독성을 지닌 살무사와 곤충들이 많았지만, 불이 보호해 주고 독풀은 태웠다. 또한 증기로 인해 거대한 찜질방, 사우나가 펼쳐졌다. 알맞은 온도의 찜질에 부르텄던 발이 밤새 치유되며 원상회복된다. 더위와 보행으로 괴롭던 두통과 류머티즘조차 아침이 되면 언제 아팠냐, 지쳤냐는 듯 쌩쌩하게 새 힘이 난다. 따뜻한 불 기둥 안에서 마사지를 받은 것이다.

불 기둥이 백성들의 장막 촌을 밤새도록 밝혀 주면 그 자리에 있던 독충은 모두 죽었다. 그러나 풀과 작은 나무들은 아무런 해를 입지 않았다. 오히려 적당한 온기가 있었기에 백성들이 떠나고 나면 풀들은 왕성하게 돋아났다. 불 기둥이 태양과 같은 역할을 한 것이다.

이스라엘은 종일 걸어 땀범벅이 되더라도 겉옷은 물론 속옷도 어제 입었던 옷을 오늘도 입고 내일도 입어야 한다. 냄새도 나고 불결해서 위생에도 영향을 미친다. 속옷과 티셔츠는 1-2회, 수건은 2-3회 사용 후 세탁하는 것이 일반이다. 잠옷은 겉옷보다 자주 세탁해야 한다.

마리아 돌로레스 시마 사발(María D. Cima Cabal) 생물학 교수는 잠옷은 3-4일 주기로 세탁하는 것이 알맞다고 했다. 수면 시간 동안 피부와 장시간 닿아 있기에, 죽은 세포나 진드기 등 각종 오염 물질이 쌓이기 쉽다. 자주 세탁하지 않으면 세균이 번식하여 피부 트러블을 유발할 수 있기 때문이다. 또한 수면 중 발생하는 노폐물, 화장품 잔여물, 땀 등이 잠옷에 축적되면 고온 다습한 수면 환경으로 인해 미생물이 증식하기 쉬워 악취나 피부염을 유발할 수 있다고 한다. 미국세탁협회도 같은 견해이다.

그렇다면 광야에서 빨래도 제대로 하지 않은 젖은 옷에 곰팡이가 번식하면서 각종 균이 발생하고 전염병이 창궐했을 텐데, 백성들은 죄로는 죽어도 피부염 등으로는 죽지 않았다. 종일 땡볕이 내리쬐는 광야는 건조한 기후대이기에 비가 적게 내려 박테리아 증식도, 바이러스 전파도 잘 안 되어 전염병이 발생할 가능성을 줄여 주었다. 이런 기후 조건과 함께 불 기둥이 밤새도록 옷을 완전히 건조해 주고 곰팡이나 각종 균을 살균하면서 자동으로 세탁을 해 주니, 아침마다 땀 냄새는 사라지고 뽀송뽀송 마른 옷을 입고 기분 좋게 출발할 수 있었다. 불 기둥의 효능성은 무궁무진하다. 이런 보호를 받으며 이스라엘은 광야를 건넌 것이다. 이 글을 쓰면서 이런 상상력을 동원해 보니 나름 즐겁다.

광야에 새벽이 오면 불 기둥은 서서히 구름 기둥으로 변하면서 시원한 아침 공기를 불러온다. 이제 곧, 구름 기둥이 떠오를 시간이 되었다.

Chapter 16

구름 기둥 | 업으시고 안으시는 하나님

광야의 여름 온도는 대체로 평균 섭씨 44도, 겨울엔 26도이다. 광야에 몇 년간 비가 한 방울도 내리지 않은 적도 있는데, 지면의 열기가 섭씨 70도까지 올라간 기록이 있다. 냉동 시설도 없었던 광야에서 돼지고기 식용을 금지한 이유가 짐작된다. 금방 상해서 식중독에 걸리기 쉽다. 그것만이 식용 금지 이유는 아니지만 그만큼 광야는 숯가마 찜질방 고온 수준이다.

이런 고온도의 광야에 아침이면 구름 기둥이 나타난다. 구름은 대부분 수증기로부터 생성된다. 알갱이 작은 물방울이 수십억 개 모이면 구름으로서 관측된다. 안개와는 같은 성분으로, 지표면과 닿아 있는 것을 안개, 지표면과 떨어져 있는 것을 구름이라고 한다. 산 중턱에 걸린 구름은 산에 올라가 있는 사람에게는 안개이다. 햇빛이나 주변 환경에 따라 색이 바뀌기도 한다. 구름은 적외선을 강하게 흡수한다.

구름 기둥, 항상 동일한 형태는 아닌 듯

광야의 구름 기둥을 곰곰이 생각해 본 적이 있는가? 어떤 종류, 모양, 크기, 색깔일까? 성경에 익숙한 우리는 '구름 기둥? 아하!' 하며 그냥 넘어가는데 유대인이라면 많은 호기심을 품고 스토리를 만들어 낸다. 유대 문학에 설화와 전설이 많은 까닭이다.

구름 기둥은 동일한 형태로만 유지되지는 않았을 것이다. 보통 10분이면 사라지는 것이 구름이다. 몇 분 만에 사라지기도 하고, 1시간 동안 유지되는 구름도 있다. 광야의 구름 기둥은 온종일 유지되며 40년을 백성들과 함께했다. 초자연적이 아니면 그리 존재할 수가 없다.

광야의 구름은 '기둥'이라고 했으니 장방형의 일직선은 아니어도 수직으로 그 끝을 알 수 없을 만큼 하늘까지 이어지는 길쭉한 모양으로 상상된다. 한결같은 기둥 모양은 아니다. 온도와 기후, 바람의 방향에 따라 크기와 모양, 색깔도 다양한 형태로 바뀌었을 것이다.

하루의 시차에 구름의 두께도 달라졌을 것이다. 아침과 저녁에는 연하고, 햇볕이 최고조로 오르는 정오에서 오후 3시까지는 짙었을 것이다. 구름 기둥은 이처럼 하루가 다르게 모양도 색깔도 온도도 수시 바뀌었으니 40년을 매일 보면서도 늘 신기하고 그만큼 덜 지루했을 것이다. 물론 이런 현상은 추측이지만, 하나님은 그런 세세한 면까지 다 헤아리셨을 것이다.

구름 기둥은 광야에 들어서면서 태양을 가려 주었다. 광선은 건강한 사람도 몇 시간 노출되면 쓰러뜨린다. 구름 기둥의 서늘함이 하늘의 가림막이 되었다. 숨이 막히는 타오르는 화로 같은 열기 속에서 때로는 서늘하고 때로는 차갑게 시간에 따라 달라지는 적당한 습도였다.

모래 폭풍도 뚫을 수 없는 구름 기둥

구름 기둥은 메마른 땅에서 보습제도 되었다. 행진이 계속되다 보면 피부가 검게 타고 거칠고 건조해진다. 그러면 일사병도 걸리고 노화도 빨리 온다. 몸에 종기가 생기고, 부스럼은 병이 된다. 율법에 각종 피부병에 관한 조항이나 한센병(나병)에 관한 규정이 자주 언급되는 것은(레 13-14장) 태양에 노출되는 시간이 많기에 생기는 고질적인 풍토병이기 때문이다.

건조한 피부는 대부분 가려움증을 가져온다. 가려움증은 심하면 수면을 방해하고 자꾸 긁게 되면 피부 보호막을 손상시킨다. 이로 인해 피부에 존재하는 세균들이 직접 침투하여 감염을 일으킨다. 심하면 일정 부위의 피부가 지속해서 압박되어 원활한 혈액 공급이 되지 않기에 피부 궤양이 생긴다.

태양 광선에 노출된 손등이나 얼굴은 피부 노화가 촉진되어 노인은 사소한 손상으로도 혈관으로 유출되는 자반증이 발생한다. 이 경우, 적혈구가 피부로 유출되기 때문에 피부에 멍 자국이 오래 지속되고 하얀색의 상흔을 흔히 남기게 된다. 그래서 보습제가 필요하다.

구름 기둥에서 나오는 습기는 종일 걸으면서 생겨나는 거친 피부를 연하고 부드럽게 만들었다. 요즘처럼 얼굴에 기름기가 흐르는 지성 피부는 보습제가 필요 없는 경우도 많으나 사막과 광야에서는 필수적이다. 새벽마다 이슬처럼 촉촉이 감싸는 구름 기둥의 습한 기온은 최고급 보습제가 되어 거친 피부를 보호해 주었다. 특히 백수십만 명이 집단 생활을 하다 보면 온갖 병이 발생한다. 집단 전염병이라도 생기면 떼죽음을 당한다. 구름은 사이사이에 안개처럼 스며들어 땀을 말려 주면서 탁한 공기를 환기하는 역할을 했다. 그래서 밀집된 집단 공동체였지만 전염병이 생기거나 건강에 별 이상은 없었다.

구름 기둥은 거센 바람, 모래 폭풍을 막아 주는 에어백도 되었다. 모래 폭풍이 휩쓸고 가면 사방이 모래투성이로 엉망이 된다. 지금도 아랍 등지에서는 격렬한 모래 폭풍이 불어닥치는데 이를 '함신'이라고 한다. 50이란 뜻으로, 50일 동안 불어온다고 해서 붙여진 이름이다. 함신이 50일을 불어 내치면 일대가 초토화되는 것은 기본에다 마찰 전기를 일으키는 모래 입자들 때문에 무선 통신마저 끊길 정도이다. 중동은 매년 봄부터 여름 사이에 모래 폭풍을 겪는다. 그러니 광야를 걸어가는 40년 동안 도대체 얼마나 많은 모래 폭풍을 맞닥뜨렸을까.

구름 기둥은 살아 있는 생물처럼 사막의 기후에 예민하게 반응한다. 모래 폭풍이 불어올 기미가 보이면 서서히 그쪽 방면으로 이동하여 백성들을 보호해 준다. 구름 기둥이 얼마나 단단한지 아무리 강한 모래 폭풍도 뚫을 수가 없다. 백성들은 모래 폭풍을 막아 주는 구름 기둥에서 하나님의 보호하심을 보았다.

구름 기둥은 찜질 역할도 했다. 부르텄던 발바닥이 구름 찜질에 말짱하게 치료되고 회복된다. 이런 방법으로 걸으니 부르틀 일이 없다. 이런 축복이 모두에게 해당된 것은 아니다. 갈렙과 여호수아를 제외한 기성세대는 거역으로 죽고 추워서 죽고 더워서 죽고 발이 부르텄다고 멈추거나 뒤로 빠지다가 죽었다. 구름 기둥의 은혜도 하나님께 순종하는 이들에게만 역사했다.

업고 가신 하나님

구름 기둥과 불 기둥은 그 자체가 하나님의 성소였다. 여호와 하나님이 그 안에 살고 계셨다(민 14:14; 신 31:15). 두 기둥이 보호하고 인도해 준 것이 아니라 그 안에 임재하신 하나님이 인도와 보호와 건강을 책임져 주셨다. 모세는 노래를 만들어 백성들에게 들려준다.

> 마치 독수리가 자기의 보금자리를 어지럽게 하며 자기의 새끼 위에 너풀거리며 그의 날개를 펴서 새끼를 받으며 그의 날개 위에 그것을 업는 것같이 신 32:11

하나님이 업고 가셨다. 어떤 의미인지 정확히는 모르겠지만 40년을 불 기둥과 구름 기둥에 안겨 걸어가는 모양새이다. 그래서 이리 생각한다. 지치고 힘들고 발이 부르트고 더는 걸을 수 없을 때 자기 백성을 업고 가시는 아버지 하나님, 어머니 하나님(요즘에는 이단이 있어서 이런 용어를 쓰면서 조심스럽다)을 본다. 그들을 안고 가시는 하나님을 본다. 하나님의 업어 주심이 있었기에 이스라엘은 광야를 걷는 동안에도 발이 부르트지 않았고 크고 무서운 광야를 건너는 기적을 만든 것이다.

하나님의 구원 역사는 업어 주심의 역사이다. 노아는 방주로 업어 주시고, 아기 모세는 갈대 상자로, 동방 박사들은 별빛으로 업어 주셨다. 광야를 걷는 백성들에게 구름 기둥은 보이는 하나님이다! 여호와께서는 그렇게 구름 기둥으로, 불 기둥으로 보호하시고 인도하시고, 정 힘들면 업고 안고 가시고, 거기다 만나와 메추라기로 식단을 챙겨 주셨다.

만나와 메추라기! 벌써 침이 넘어간다. 만나는 한 번이라도 맛보았으면 싶은 음식이요 과자이니까….

Chapter 17

만나와 메추라기 | 그럼에도 하나님은 어르고 달래신다

이집트를 나올 때 들고 나온 식량은 10일 치 이상은 되었을 것이다. 마른 떡과 마른 고기 종류들이다. 마차를 준비할 만한 부유층은 넉넉하게 장만했을 것이다. 열흘 남짓이면 충분히 가나안에 도착할 수 있을 것이라 모두 예상했다.

처음에는 견딜 만했다. 조상들의 땅, 자녀들과 살아갈 자유의 땅에 들어간다는 기대감으로 발걸음에 힘이 넘쳤다. 라암셋을 출발해서 숙곳을 지나고 광야의 끝자락 에담에 장막을 칠 때만 해도 괜찮았다. 낮에는 구름 기둥이, 밤에는 불 기둥이 앞서거니 뒤서거니 하면서 인도해 주고 보호해 주었다. 온몸이 피곤해도 밤낮으로 바뀌며 인도하는 두 기둥의 현란한 위용에 백성들은 경탄을 금할 수가 없었고 이집트를 떠난 것은 잘한 결정이라 만족했다.

그런데 홍해가 나타나서 여기가 끝이구나, 체념했는데 삶이 내 마음대로 되지 않는 것처럼 생각지도 않게 행운을 가져다주는 날도 있다. 홍해가 그렇다. 홍해는 죽음의 장소였지만 기적의 현장이기도 했다. 이스라엘 백성은 그렇게 기적을 체험하면서 홍해를 건넜다.

잘못된 집단 오기억

그렇게 가면 되는 줄 알았다. 그러나 행진이 길어지면서 먹거리가 떨어지자 불평이 시작되었다. 수르 광야에서 일어난 일이다. '술'(Shur) 광야로 불리는(창 16:7, 20:1) 수르 광야는 '에담 광야'로도 표기된다(민 33:8). 이집트의 동편 국경 지역이다. 백성들은 구름 기둥과 불 기둥의 인도를 받으며 3일 동안 건조한 사막 지역을 경유하여 남쪽으로 내려갔다.

그곳 마라에서 장막을 쳤다. 홍해를 건넌 후 최초로 장막을 친 지역이다(민 33:8). 지명의 뜻은 '쓰다', '괴롭다'로 오아시스 물맛이 짜서 마실 수 없기에 생긴 명칭이다. 물은 악취가 나고 짜서 식수로는 적합하지 않았다. 아라비아인들은 "이 근방의 모든 지역에서 가장 나쁜 물이다"라고 말할 정도이다. 가죽 부대의 물은 벌써 떨어졌고 구름 기둥이 보호했는데도 목이 타는 고통을 견딜 수가 없었다. 마실 수 없는 물 때문에 불평을 늘어놓자 여호와께서는 그럴 수도 있음을 양해하시고 나무를 물에 던지게 함으로 쓴 물을 단물로 변하게 하셨다.

이스라엘은 계속 앞으로 나갔다. 황량한 벌판의 수르 광야가 끝나면서 작은 모래 산들은 점점 높아지고 석회암 절벽 사이사이에 험한 산들이 나타나는 다른 풍경들이 펼쳐진다. 곧 신 광야에 도착했다. 시나이산에 가는 도중에 있는 훨씬 남쪽 지역이다. 가데스 바네아 부근의 신 광야(민 33:36)와는 이름만 같을 뿐이다. 시나이반도의 북서쪽에서 남동쪽으로 뻗어 있는 황량한 고원 지대, 이집트를 떠난 지 한 달 만에 도착했다(민 33:3 참고). 에담 광야와는 달리 작은 산과 골짜기들이 많아 걷기가 힘든 광야이다. 이때쯤 양식은 남아 있지 않았을 것이다.

우리 속담에 "사흘 굶어 담 아니 넘을 놈 없다"라는 말이 있다. 누구라도 여러 날 굶게 되면 못할 짓이 없게 된다는 말이다. 꿀벌도 며칠 굶으면 도둑질을 한다고 꿀벌 전문가들은 말한다. 양봉 업계에서는 이를 '도봉'(盜蜂)이라고 한다. 귀여운 꿀벌이 도둑질하는 까닭은 당연히 먹을 것이 없기 때문이다. 먹을 것은 그렇게 기쁨이 되기도 하지만 불평을 가져오기도 한다.

사진작가 박진은 "꿀벌들의 도둑질은 여름에 자주 일어난다"라고 했다. 특성상 여름은 꿀벌들에게 보릿고개의 시기이다. 장마로 인해 꽃이 피어 있어도 꿀을 가져오기 어렵고 여름철에는 꿀벌들이 좋아하는 꽃 또한 적다. 이때가 꿀이 없다는, '무밀기'(無蜜期)이다. 주변에 꽃이 피어 있는데도 도둑질을 할 때는 좋아하는 꽃이 없어서이다. 꿀벌이 모든 꽃을 좋아하는 것은 아니다. 우리나라에 알려진 꿀벌이 좋아하는 식물(밀원식물)은 약

600여 종이다.

사람에게 필요한 요소를 의(衣)·식(食)·주(住)라 하는데 엄밀히 따지자면 순서가 음식, 의복, 주택이다. 광야 생활에는 더욱 그렇다. 광야는 계속 걸어야 했기에 주택도 필요 없고 옷도 대충 입으면 되지만 음식은 아니다. 이스라엘은 선민(選民)이지만 성민(聖民)은 아니다. 설령 성민이 되었다 해도 며칠째 굶으면 눈에 뵈는 것이 없는 법이다. 광야의 '무밀기'에 백성들은 도둑질 대신에 원망과 불평을 택했다. 훔칠 것이라도 있으면 도둑질을 택했을 것이다.

> 우리가 애굽 땅에서 고기 가마 곁에 앉아 있던 때와 떡을 배불리 먹던 때에 여호와의 손에 죽었더라면 좋았을 것을 너희가 이 광야로 우리를 인도해 내어 이 온 회중이 주려 죽게 하는도다
>
> 출 16:3

여기서 '잘못된 기억'을 본다. 진실되거나 실존했던 사건이 아님에도 이에 대한 거짓된 기억을 공유하는 집단적 오기억 현상이다. 이집트 땅에서는 고기 가마 곁에 앉아 있었고 떡을 배불리 먹었다고 과장을 한다. 이집트에서의 비참했던 때를 오히려 미화시켜 회상하고 있다. 후일 만나에 싫증이 났을 때는, 이집트에서는 생선과 오이와 참외와 부추와 파와 마늘을 실컷 먹었다며(민 11:5), 역시 과거의 오류된 기억에 의존한다. 잘못된 기억은

몇 초 만에 이루어진다는 연구 결과가 있다. 잡족이 먼저 시작했을 집단 오기억은 전염병처럼 공동체를 잠식했다. 이집트에서 부추를 먹었다는 것은 가나안 유목민 목축 생활에서 이집트의 농업 생활로 식생활이 변했음을 보여 준다. 유목민은 부추를 먹지 않기 때문이다. 그만큼 이집트 사람들이 되어 있었다.

이에 하나님이 내려 주신 것이 만나와 메추라기이다. 파라오에게는 무서운 심판을 보이시지만 이스라엘 백성은 그들의 불평에도 일용할 양식과 메추라기로 어르고 달래면서 끌고 가신다.

상상대로 맛이 나는 만나

하늘에서 내린 만나를 먹던 날, 백성들은 꿀 섞은 과자 맛(출 16:31)이라고 환호했다. 깟씨(고수씨)처럼 생겼고 굵은 모래알(약 3밀리미터) 크기의 타원 형태이다. 색깔은 진주, 아이보리(상아)색 정도이다. 단맛이 있고, 탄수화물 위주의 영양소도 있어 향료나 조미료로 사용했다. 백성들은 맷돌에 갈고 절구에 찧고 가마에 삶기도 하고 냄비에 구워 과자를 만들었다(민 11:8).

만나는 하도 신기한 음식이라 말도 무성하다. 눈, 우박, 얼음, 물방울, 이슬이라는 말이 있다. 시나이반도 내륙 지방의 유목민은 '만'이라 불리는 연지벌레에서 나오는 분비물이라 하고, 일부 아라비아인은 위성류에서 나온 진액이 굳어 흰색을 띤 것이라 설명한다. 시나이반도 부근에서 자생하는 식물 액(液)으로 이해하는 학자들은 만나의 기적을 의심한다.

만나라는 명칭은 눈가루 같은 것이 하늘에서 떨어져 지면을 덮었을 때 그 신비한 모양에 "뭐야?", "이것이 무엇이냐?"라는 의문어에서 시작된다. '무엇이냐'(What)라는 히브리어 '만'을 70인역이 헬라어로 '만나'라 번역한 데서 생겨났다. '만'('질문'이라는 뜻)은 이집트어로는 음식을 뜻하는 '메뉴'에서 차용된 것일 수도 있다. 그렇다면 "이것은 음식입니까?"라는 질문이다.

만나는 입맛 취향에 따라 다양하게 요리해 먹을 수 있는 원재료였다. 맛은 기름이나 꿀을 섞은 과자와 같았는데 기름과 꿀은 음식물에 발라 먹는 향신료로, 만나는 그 맛이나 모양에서 최상의 음식물이었음을 짐작할 수 있다. 식품학자 김석신 가톨릭대학교 명예교수는 "만나는 맛, 영양, 안전성을 지닌 음식 재료였다"라고 분석한 바 있다.

만나는 40년간 안식일을 제외한 매일 새벽이슬에 섞여 내렸고, 해가 떠오르는 아침 녘에 사라졌다(출 16:20-21). 열을 가해 요리하는 경우에는 아무 이상이 없지만, 일정한 시간이 지나서 기온이 오르면 자동으로 사라지는 것은 하늘로부터 내려온 초자연적인 음식임을 반증한다.

이후 만나는 사철에 구분 없이 부족함 없게 내렸고 안식일 전날은 평일의 두 배가 내렸다. 전날 남겨 두었다가 안식일에 먹는 만나는 평소보다 더 반짝거렸고 맛이 좋았다. 그래서 히브리

아이들은 안식일을 기다리게 되었다. 백성들은 만나를 처음 접했을 때는 그것을 요리하지 않은 채로 먹었으나 노하우가 생기면서 다양하게 요리해서 먹은 듯하다.

브루스 페일러는《워킹 더 바이블》에서 만나에 대해 흥미로운 해석을 한다. 만나는 먹는 사람마다 생각 따라 상상 따라 맛이 달라졌다는 것이다. 어린아이에게는 우유 같은 맛, 청년에게는 빵 같은 맛, 노인에게는 꿀 맛, 병든 사람에게는 기름과 꿀에 담근 보리 맛을 안겨 주었다. 우리 식으로 표현하면, 가래떡을 생각하면 쌀 맛, 호박떡을 생각하면 호박 맛, 피자를 상상하면 피자 맛을 느낀다는 것이다. 만능의 음식이다.

여기에 더하여 초기 랍비들의 기발한 상상력에 의하면, 만나는 천지창조 엿새째 날과 첫 안식일 사이에 만들어졌다면서 그만큼 신비한 식물이기에 만나를 먹은 사람은 천사의 힘을 얻고 배변할 필요가 없다고 했다. 그 싸라기 같은 물질이 몸속으로 100퍼센트 흡수되었기 때문이라는 것이다. 사실과 관계없이, 기발하면서도 즐거운 상상이다.

만나에 맞는 메추라기 반찬

여호와께서는 메추라기도 주셨다. 짧은 날개와 작고 둥근 머리, 통통한 몸집을 가진 꿩 아과(亞科)의 철새이다(민 11:31). 팔레스타인을 중심으로 봄에는 아프리카에서 떼를 지어 북쪽으로 날아왔고 가을쯤 되면 아라비아와 시리아 쪽으로 옮겼다가 겨울에는 아프리카로 돌아간다. 하나님은 계절풍을 타고 이동하는 메추라기를 이스라엘 진에 떨어지게 하셨다.

성경고고학 탐험가인 김승학 엑소아크 선교회 이사장은 "메추라기는 몸집에 비해 날개가 작아 움직임이 둔하고, 약 90센티미터 높이로 낮게 날아 아이들도 손으로 잡을 수 있다. … 하나님이 회오리바람으로 몰아서 이스라엘 백성에게 공급해 주셨다"라고 했다. 실제로 메추라기는 주로 저공으로 비행하며 잘 도망치지 않기 때문에 잡기가 쉬운 새였다. 만나와는 달리 1개월 동안만 공급되었다(민 11:21).

만나가 밥이라면 메추라기는 고기 반찬이다. 하나님이 광야에서 최고의 밥상을 차려 주신 것이다. 모세는 가나안이 바라다 보이는 모압 평지에서 한 마지막 강론에서 "네 조상들도 알지 못하던 만나를 네게 먹이신 것은 사람이 떡으로만 사는 것이 아니요 여호와의 입에서 나오는 모든 말씀으로 사는 줄을 네가 알게 하려 하심이니라"(신 8:3)라고 만나의 교훈을 정리해 준다.

예수님은 40일간의 금식 기도 끝에 "돌로 떡을 만들라" 시험하는 마귀에게 이 말씀을 인용해 답변하셨다(마 4:4). 사람이 사는 것은 떡이 아니더라도, 하나님이 특별한 방법으로 공급해 주신다는 것이다. 오래전 광야에서 조상들에게 만나를 내려 주신 하나님이 인생 광야를 사는 너희들도 먹여 주시니 먹는 문제에 너무 연연하지 말라는 것이다. 대신, 하나님의 말씀에 늘 순종하고 의지하면 사막이나 광야와 같은 형편에서도 충분히 살아남을 수 있다는 뜻이다. 이스라엘은 새벽 만나를 먹으며 일용할 양식을 책임지시는 여호와를 경험해 나갔고 말씀과 율법에만 충실하면 황무지에서도 굶어 죽는 일도, 버림을 받아 망하는 일도 없음을 체득하게 된다.

그렇게 행진하던 중에 아말렉의 습격을 받는다(출 17:8-16). 아말렉은 에서의 아들 엘리바스가 첩인 딤나에게서 얻은 아들이다(창 36:12). 에돔의 족장 중의 하나(창 36:16)로 시나이반도에서 약탈을 일삼았다. 거짓 선지자 발람은 아말렉을 "민족들의 으뜸"(민 24:20)이라는 말로 높였던 반면에, 유대 역사가 요세푸스는 경멸을 섞어 "사생아"라고 불렀다.

모세는 여호수아를 전면에 내세우고 자신은 기도의 무기로 전쟁을 승리로 이끈다. 첫 전투의 승리로 이스라엘은 자신감을 얻고 믿음은 증가했다. 병사들의 전투 능력이 아니라 높은 언덕에서 두 손을 높이 들어 기도한 모세와 아론과 훌의 협력으로 승리했다는 사실을 믿었기 때문이다. 모세의 리더십도 그만큼 성장했고 인정을 받았으며 약자들을 위한 따뜻한 리더십으로 성숙해져 갔다.

Chapter 18

리더십 | 섬김의 예수님을 본받아

오스왈드 샌더스(Oswald Sanders)는 "리더십이란 한 사람이 다른 사람에게 영향을 끼칠 수 있는 능력"이라고 설명한다. 영적 리더십에도 해당되는 말이다. 한 사람이나 그룹을 하나님이 원하시는 방향으로 이동하도록 이끄는 힘, 통솔하는 힘, 영향력, 여기에 섬기는 자질이 포함된 능력이 성경적 리더십이다. 그러기에 누군가에게 영향만 받는 것이 아니라 선한 영향력을 끼치는 교회 지도자들이 많아 나와야 한다.

이드로에게서 배운 리더십

모세는 어려서부터 왕도의 길을 훈련받은 사람이다. 당연히 그의 리더십은 왕의 리더십이다. 왕의 리더십은 독재 리더십으로, 명령하는 힘에 있다. 이런 면에서 모세는 이집트에서 리더십이 탁월한 사람이다. 히브리 혈통이 탄로 나고 동족을 구하려던 살인 행위가 발각되자 광야로 피신했다. 광야에서 양을 치면서 절망 가운데 보낸다. 더 이상의 비전도 꿈도 없었다. 온종일 양들과 지내다 보니 군주형 리더십은 실종된다. 양을 치는 데는 굳이 리더십이 필요 없고, 사용하지 않자 녹슬어 버리고 만 것이다.

이런 모세에게 하나님이 찾아오셔서 광야 지도자 직분을 맡기셨다. 광야 백성에게 사용할 수 있는 리더십은 통치 리더십과 양치기 리더십이다. 통치자 리더가 되기에는 모세에게는 헤드십(headship)이 없다. 헤드십은 공식적 권위와 지위에서 법으로 인정된 권한을 기반으로 발생한다. "내가 이집트의 파라오이다." 이것이 헤드십이다. 만인이 인정하는 이런 헤드십이 있으면 통솔은 훨씬 권위가 있고 공권력이 있다.

모세에게는 이런 헤드십이 없다. 이스라엘 백성은 광야 유목민의 총독이라는 권한을 그에게 내주지 않았다. 모세에게는 공권력의 헤드십이 없음을 아는 백성들은 일이 생길 때마다 만만하게 보고 언제라도 거역했고 반발했다. 250명의 지도자들은 물론 형과 누이도 반발했다.

모세가 미디안 목자 생활에서 터득한 리더십은 양치기 리더십이다. 양은 하나하나 돌보아 주고 넘어졌을 때는 벌하고 탓하는 대신에 일으켜 세워 주어야 한다. 양 떼에게 무슨 조직이 있고 질서와 체계가 있을까. 하나같이 목자의 손길이 필요하고 돌봐 주어야 한다.

하나님의 일방적인 선발로 졸지에 대부족의 지도자가 되었다. 알게 모르게 광야에서 터득한 양치기 리더십으로 힘들게 사역하고 종일 뛰어다니는 것이 충성된 일꾼이고 선한 지도자라고 생각했다. 힘든 줄 모르게 일했고, 힘들어도 충성스런 지도자의 덕목으로 알고 백성들 사이를 돌아다니며 살펴 주었다. 개인의 사생활을 희생하고 일만 하는 일 중독자, 소위 워커홀릭(workaholic)이었다. 일에 대한 중독은 과로사나 과로 자살의 원인이 될 수도 있음을 몰랐다.

모세가 장인 이드로의 방문을 받은 것은 그즈음이다. 르우엘이 본명이고(출 2:18) 제사장이나 족장 신분을 밝혀 주는 이름이 이드로(출 3:1)라고 성경학자들은 해석한다. 이드로는 모세가 하는 일이 선하기는 하지만 효율적이지는 못하다고 조언하면서 조직적으로 백성들을 통제하고 인솔하는 리더십을 알려 주었다. 십부장, 오십부장, 백부장, 천부장 제도이다.

장인의 말을 듣고 모세는 옳다고 여겼다. 혼자서 백 명을 대하는 것보다는 백 명이 한 명을 대하면 얼마나 효율적인가. 사건에 관해 재판관이 충분하게 듣고 신속하고 바르게 판결해 줄 수 있다. 모세는 재판관의 독점 체제를 내려놓고 책임제를 두었다. 중간 리더들로 십부장에서부터 천부장을 세웠다. 백성들을 조직화, 체계화한 것이다. 십부장은 열 명을 담당한다. 그들이 백성들의 송사를 비롯하여 다양한 간청을 듣는다. 십부장 선에서 처리하고, 중요한 사안이면 오십부장-백부장-천부장으로 책임이 올라갔다. 천부장이 판단하지 못할 일이라면 모세에게로 올라갔다. 중간 지도자는 모세의 손과 발을 대신하는 리더들이었다. 재판은 훨씬 신속하고 정당하게 집행되었다. 대한민국 형사소송법에서 1심, 2심, 3심의 재판 과정을 이스라엘은 3,500여 년 전부터 시행한 것이다(출 18:1-27). 그 종합판이 목자 리더십이다.

모세는 드디어 사람들에게서 해방되었다. 그렇다고 불충한 지도자인가? 백성들을 제대로 돌보지 않는 삯꾼 리더인가? 아니다! 전보다 덜 바빴지만, 능률은 훨씬 많이 올랐다. 효율적으로 일을 하는 법을 배웠기 때문이다. 이렇게 좋은 것을 왜 혼자 끙끙거리며 감당하려 했을까.

지난날, 모세는 바쁜 리더였지만 효율적인 리더는 아니다. 지금은 덜 바쁜 지도자이지만 훨씬 더 효율적이고도 강력한 지도자이다. 제대로 된 리더십을 터득한 것이다. 스트레스로 스스로를 조이는 일을 하지 않았기에 더 많이 묵상하고 하나님과 교제하는 시간을 늘려 갈 수 있었다. 목자 리더십을 터득한 것이다. 모세는 군주 리더십에서 양치기 리더십으로, 양치기 리더십에서 다시 목자 리더십으로 발전해 간다. 헤드십과 리더십을 교묘하게 절충한 섬김의 리더십이다. 하나님이 주신 지혜이다.

한 사람을 위하는 친정 목회

리더십은 선천적인가, 후천적인가? 상당한 부분이 후천적이다. 모세의 리더십도, 제자들의 리더십도 후천적이다. 모세는 양을 치는 목자였고 제자들은 고기를 잡는 어부가 태반이었다. 이들에게 처음부터 리더십이 있었다면 다른 방면으로 나갔을 것이다. 모세는 백성들을 인도하면서 광야의 리더십을 터득했다. 수많은 실패와 거절을 겪으면서 위대한 목자 리더십을 만들어 낸다. 초대교회 지도자들 역시 시작은 평범했지만, 성령을 받고 주님에게서 받은 목자 리더십 훈련을 통해 교회를 일으키는 리더가 된다.

내게는 리더십 자질이 별로 없다. 1950년대에 시골에서 태어나고 자란 처지에 무슨 리더십이 있을까. 수줍고 내향적이고 나서기를 두려워하는 내게 남들을 통솔할 수 있는 영향력이 있을까. 그래서 목회자가 될 생각은, 특히 교회를 개척할 생각은 상상도 하지 못했다. 나는 이끄는 '리더'(leader)가 아니라 따르는 '팔로워'(follower)의 자질만 있을 뿐이라 생각했다.

하나님의 은혜로 개척을 하고 목회를 하면서 내 성품과 성향이 또 하나의 목회 리더십이 될 수 있음을 조금씩 알아 갔다. 목회를 하려면 화끈하고 경영의 기질도 있어야 하는데 내게는 그런 게 없다. 내놓을 수 있는 것은 나름의 성실함이다. 이를 살려서 '친정 목회'라는 나만의 목회관을 정하고 한 사람 한 사람 관계 목회를 했다. 생일이 되면 형식적인 생일 축하보다는 1년 동안 보아 오면서 그 성도에 해당되는 내용으로 축하 카드를 보냈고 핸드폰이 나오면서 문자 목회를 했다.

주일에 애찬 봉사를 한 구역에는 월요일에 구역원 전원에게 어떤 반찬이 맛있었다고 구체적으로 적시하며 수고했다는 단체 문자를 발송했다. 두 번의 명절 시즌에는 사업, 가게를 하는 성도들에게 번영을 축복하는 응원 문자를 개별적으로 보냈다.

내 친정 목회는 코로나 3년 동안 빛을 발했다. 영상 예배는 별로 찬동하지 않지만, 영상 목회로 3년을 버티었다. 구역별 대심방, 생일, 경조사, 개별적인 축하와 위로의 메시지를 모두 영상으로 찍어서 발송했다. 그렇게 하다 보니 쇼트(Short) 영상이 700개 안팎이다. 물론 부목사님의 동역으로 가능했다.

교회 홈페이지에 "목회 일지"라는 코너를 만들었다. 담임목사의 단상과 함께 성도들의 동정, 경조사, 출국·입국, 출생과 축하할 일을 올렸다. 토요일을 제외하고, 하루에 A4용지 2매 반을 작성해서 오후 5시경에 올렸는데 15년 만에 4,500회가 되었다. 은퇴했을 때 내 은퇴에 대한 섭섭함보다는 "목회 일지"가 끝나 섭섭하다는 말을 더 많이 들었다. 이런 친정 목회가 교회를 개척해서 예배당을 마련하고 강화도에 수련원을 세우면서도 40여 년 분열이나 다툼 없이 평안히 목회하는 목회 리더십이 되었던 것 같다. 물론 하나님의 은혜와 성도들 덕분이다.

예수님의 섬김의 리더십

나는 활동적인 것보다, 그래서 노회 정치나 교단 정치에 나서는 것보다 책을 읽고 글을 쓰는 조용한 목회를 택했다. 그랬더니 하나님은 책을 통해서 리더십을 계발해 주셨다. 내게 있는 목회적 아이디어와 프로그램들은 여러 책에서 온 것이다. 책을 통한 후천적 리더십 계발, 독서의 즐거움이 없었다면 어떻게 가능했을까. 하나님의 은혜에 감사할 뿐이다.

세계적인 리더십 강사 켄 블랜차드(Ken Blanchard)는 초대형 교회인 윌로우크릭 교회 빌 하이벨스(Bill Hybels) 목사와 교제하면서 예수 그리스도를 새롭게 발견한다. 블랜차드는 '아! 예수야말로 진정한 리더구나' 하는 생각을 하게 되고 《섬기는 리더 예수》(21세기북스, 2005)를 쓴다. 세계적인 리더십 강사가 예수 안에서 참된 리더십을 발견하게 된 것이다.

블랜차드가 발견한 예수의 리더십은 복잡하지 않다. '섬김'이다. 제자들의 발을 씻겨 주시던 장면에서 예수님의 리더십을 '섬김의 리더십'으로 결론지은 것이다. 그는 제대로 보았다. 리더십에 대한 전통적인 견해는 방향 제시, 비전 제시이다. 블랜차드는 비전 제시가 아니라 역할 수행 쪽으로 변경한다. 비전을 명령하고 방향을 제시해 주는 리더와 직접 함께하며 그들을 세워 주는 리더 중에서 예수님의 리더십은 후자라는 것이다.

블랜차드는 '섬기는 리더'와 '이기적인 리더'로 구분한다. 섬기는 리더는 자신보다 비전을 더 크게 보이게 하면서 후배를 양성하며 베푸는 리더이다. 이기적인 리더는 지위에 연연하며 더 많은 것을 소유하고자 하는 개인적인 욕심이 크기에 사람들을 이익의 수단으로 생각하는 리더이다. 블랜차드는 모든 사람이 예수의 섬김의 리더십을 가질 때 조직이 살고 회사가 아래에서 움직이며 살아날 수 있다고 말한다. 이것이 섬김의 리더십의 위대함이다. 이를 레너드 스윗(Leonard Sweet)은 "귀 없는 리더와 귀 있는 리더"(《귀 없는 리더? 귀 있는 리더!》[IVP, 2005])로 다시 나눈다.

모세는 이런 섬김의 리더십을 양을 치면서 터득했다. 그가 군주 리더십, 통치자 리더십으로 이스라엘을 인도했다면 어리석고 불평으로 가득 찼던 백성들은 충동적인 혈기와 칼부림에 남아 있지 않았을 것이다. 양치기 리더십 때문에 백성들은 행복했고 이드로에게서 전수받은 목자 리더십을 통해서 모세도 행복했다. 거기다 구름 기둥과 불 기둥의 안내는 리더의 막중한 책임을 어깨에서 내려놓게 만든 하나님의 선물이었다.

이스라엘 백성은 아말렉 전투에서 승리하자 크게 용기를 얻고 계속 전진했다. 석 달 만에 호렙산에 도착한다. 하나님이 처음부터 목적하고 인도하신 방향이다(출 3:12). 호렙산이 보이자 모세의 가슴이 뛰기 시작한다. 하나님을 만나 사명이 시작된 곳, 얼마 후에 율법을 받아 제대로 된 여호와의 백성이 되는 거룩한 산이기도 하다.

Chapter 19

율법 | 믿음과 행위, 두 날개로 균형 있게 날아라

시나이(시내) 광야에 도착한 날은 3월 15일로, 이집트를 떠난 지 만 2개월, 양력으로는 5-6월경이다. 라암셋을 떠나서 숙곳(출 12:37)-에담(출 13:20)-엘림(출 15:27)-신 광야(출 16:1)-르비딤(출 17:1)을 행진하고 시나이 광야에 이른 것이다. 석 달에 걸친 고된 행군이다.

하나님이 일찍 광야로 인도하신 것은 시나이산에서 크게 볼일이 있었기 때문이다. 자기 백성들과 언약을 체결하시기 위함이다. (사우디아라비아에 있는 해발 2,530미터의 라오즈산이 진짜 시나이산일 가능성이 높다는 주장도 있다.) 여호와께서는 백성들을 시나이산에 머물게 하면서 선민이 지켜야 할 율법을 주셨다. 율법은 600여 가지가 넘었다. 나중에 율법학자들은 613개의 항목으로 정리한다. 율법은 출애굽기 19장에서 마지막 40장까지 다루고 있을 만큼 그 비중이 크다. 시나이산의 율법은 하나님과 이스라엘 사이에 맺어진 계약, 언약이다. 이스라엘은 계약을 통해 정식으로 하나님의 백성이 되었으며 신정 국가의 초석이 될 법을 받았다.

구원의 수단이 아닌 율법

모세는 이를 정리해서 백성들을 가르쳤다. 이집트 왕실에서 수학한 법률이 큰 도움이 되었다. 미국 최고재판소 배석판사 출신 데이비드 브류어(David Brewer)는 모세를 대단한 입법자로 본다.

시내산 꼭대기에서 여호와의 손에서 십계명을 받은 모세는 어떤 면에서 인류 역사상 가장 독특한 민족의 법전이 되어 온 법체계를 만드는 능력을 부여받았다. 이 법전은 오늘날 놀랄 만한 문명사회에서도 강력한 힘을 발휘하고 있다. 모세를 가장 위대한 입법자 옆에 나란히 둔다고 해도 부족함이 없다. (오스왈드 샌더스, 《하나님의 학교를 졸업한 사람들》, 나침반, 1985에서 재인용)

이스라엘 역사에 율법으로 구원받은 백성은 없다. 하나님은 율법을 완전하게 지킬 사람이 없다는 것을 알고 계셨다. 완전하게 지킬 것이라 기대하시지도 않았다. 율법은 죄인 하나도 구원할 수 없으며 율법으로 구원을 유지할 수도 없다.

그러면 왜 율법을 주셨을까? 성결한 삶을 위한 지침으로 주셨다. 히브리인은 조상 때부터 나름대로 법이 있었다. 하나님께 제단을 쌓아 예배드리고 선한 행실로 살아가는 것이다. 성문화된 법은 아니다. 이집트에서 법을 지키며 살았지만, 문자로 기록된 법은 없었다.

하나님이 이스라엘을 민족으로 불러내시고 법을 주셨다. 법을 통하여 하나님을 바로 섬기고 거룩한 백성으로 거룩한 삶을 영위해 나가야 한다. 그래야 선민이 성민(聖民)이 될 수 있다. 하나님은 거룩을 명하시되, 일방적인 명령은 아니다. 하나님은 거룩할 수 있는 법을 주셨고, 이스라엘은 법을 지켜 나감으로 거룩하게 되었다. 그것이 율법이다. 그래서 바울은 율법을 적법하게 사용하기만 한다면 어디까지나 선한 것이라고 했다(딤전 1:8). 율법은 그 자체로는 사람의 마음을 바꾸지 못하지만, 죄악으로부터 행실을 지키는 것을 도울 수는 있기 때문이다.

율법은 타민족과의 구별을 위해서 주셨다. 거룩은 선민 생활의 전제 조건이다. 선택된 백성은 확연히 다른 구별이 있어야 성민이다. 율법은 타민족과의 혼합을 경계했고, 경계선을 만들어 낸다. 유일신 신앙, 제사법, 안식일 제도, 일부 동물의 식용 금지 등은 유대인의 정통성과 순결을 유지할 조항들이다. 이런 조항이 초기 가나안 백성들과의 성별(구별)을 도왔다.

율법은 모든 인간이 죄인이라는 사실도 보여 준다. 이스라엘은 하나님의 은혜로 구원받았다. 하지만 선민이라는 특혜 때문에 구원의 조건을 오해했다. 혈통, 행위, 율법을 지킴으로 구원

받으리라 착각했다. 율법은 사람을 의롭게 하지 못하고 구원에도 전혀 도움이 되지 못한다. 율법은 구원을 위해서는 소용이 없고 생활을 위해서는 필요한 법이다.

바울은 율법의 행위로 의롭다 하심을 얻을 육체는 없고, 다만 율법은 죄를 깨닫게 하는 역할을 한다고 했다(롬 3:20). 율법은 하나님이 요구하시는 의의 기준에 인간이 얼마나 무능력하고, 죄가 얼마나 무서운가를 보여 준다. 율법이 없을 때도 죄는 있었지만, 죄를 죄로 여기지 않았다. 율법이 나타남으로 죄의 기준이 드러났고, 죄에서 구원하는 능력이 인간에게는 없음을 보여 준다. 야고보는 율법 전체를 지키다 한 가지만 어겨도 전체를 어긴 셈과 같다는 말로 율법의 불완전성을 지적한다(약 2:10).

마지막으로, 율법은 하나님의 은혜를 깨닫도록 한다. 사람이 율법을 다 지킬 수 없는 죄인이라는 사실은 자신의 의를 의지하지 않고 하나님을 바라보게 한다. 율법이 있기 전에 아담도 노아도 구원받았다. '하나님의 은혜'로 구원받았다. 이스라엘도 언약에 근거하여 이집트에서 구원을 받았다. 세월이 흐르면서 자기 의를 율법에 의지하는 행위 구원이 세상에 들어왔다.

이에 대한 대비책으로 하나님은 미리 율법을 주셨다. 하나님의 은혜로 구원받았음을 알리는 역할이 율법의 사명이다. 그러기에 율법은 시작이 있고 끝이 있다. 예수님이 오시면서 율법은 소임을 다하고 복음으로 들어가 녹는다. 그러나 율법주의자들의 율법 만능에 승차한 율법은 주어진 취지를 벗어나게 되었다. 율법의 '에러'(error)인 셈이다.

율법은 구원을 위한 것이 아니라 구원을 받을 수 있도록 시선을 하나님의 은혜로 돌리는 역할을 하고 구원받은 사람이 구원의 열매를 나타내게 하는 데 책임이 있다. 예수님은 율법을 완성하려고 오셨다(마 5:17). 율법의 참뜻을 완벽하게 드러내기 위해 오셨다는 것이다.

율법의 은혜성

개혁주의 신학자 게할더스 보스(Geerhardus Vos)는 '율법의 은혜성'을 말한다. 율법은 유대인의 해석처럼 행위 구원의 근거나 보상을 위한 것이 아니라 처음부터 끝까지 이스라엘 백성을 사랑하시는 하나님의 은혜로 주어졌다는 것이다. 보스는 네 가지로 요약한다.

첫째, 출애굽 사건은 율법을 받기 전에 된 일이다. 그러니 출애굽과 율법은 아무런 관계가 없다. 그들은 율법 이전에 출애굽의 은혜를 먼저 누리고 있다. 이스라엘은 조상과 맺어진 하나님의 언약 안에서 출애굽의 은총을 누렸다. 율법을 지키고 그 보상으로 주어진 것이 아니다.

둘째, 이스라엘이 가나안 복지를 얻은 이유도 율법을 지켰기 때문이 아니다. 하나님이 아름다운 땅을 기업으로 주신 것은 그들의 공의로 말미암음이 아니다(신 9:6). 가나안 입성은 율법을 지키는 조건이 아니라 하나님의 언약에 근거한 은혜의 결과이다. 율법은 오히려 목이 곧은 백성들이 하나님의 은혜로 구원받았다는, 은혜성을 드러내 보인다.

셋째, 이스라엘은 수없이 율법을 범했지만, 항상 선민의 신분을 유지했다. 십계명을 내주시는 그 순간에도 죄악을 행했다. 하나님은 처벌은 하셨지만 회개하면 용서하셨다. 하나님의 용서는 은혜에 기인한다. 죄의 값은 사망이므로 은혜의 법이 아니고는 범법자가 회개해도 죽을 수밖에 없다. 그러기에 율법은 하나님의 은혜를 돋보이도록 하고 범죄 중에서도 하나님의 은혜에 의지하도록 하는 역할을 한다.

넷째, 율법은 단지 행동의 규약만이 아니다. 율법의 의식(제사) 부분에서는 하나님과 사람의 교제가 은혜로만 가능하다는 사실을 보여 준다. 성전에서 희생 제물을 죄의 속가(贖價)로 바치는 것은 은혜의 구원이다. 양의 피를 그리스도의 피의 예표로 드리는 것은 명백한 은혜의 구원 제도를 보여 준다. 이것이 율법의 목적, 계명의 목적이다.

율법은 이렇게 큰 목적이 있었음에도 유대인은 그 목적을 곡해했고 왜곡했다. 율법을 통해 의로워지려 했고 의로운 행위를 드러내는 수단으로 삼으면서 율법 만능 종교가 시작되었다. 소설가 백영옥은 문학 포럼에서 음식이 상하기 가장 좋은 곳이 어디냐는 질문을 받고 냉장고라고 했다. 상한 음식을 가장 많이 꺼내는 곳은 대체로 습하고 더운 장소 같지만 의외로 냉장고이다. 냉장고 안에서는 음식이 썩지 않을 것이라는 믿음, 냉장고 안이 안전할 것이라는 확신, 그것이 냉장고가 음식이 상하기 가장 쉬운 장소인 이유라는 설명이다.

율법이 그런 것이 아닐까. 율법이 유대인을 성결하게 하는 수단이었지만 "율법! 율법!" 외치던 바리새인, 사두개인, 서기관들에게 예수님은 오히려 회칠한 무덤이라 일갈하셨다(마 23:27). 이런 식이라면 교회가 어느 곳보다 가장 상하고 부패하기 쉬운 곳은 아닌지, 자성해 본다.

율법과 복음의 관계

율법은 바른 믿음 안에서 살고 성화(거룩)를 이루어 가는 데 도움이 된다. 칭의를 전제로 한 성화이다. 내 노력과 수고로 되어 가는 성화가 아니라 내 안에 임재하신 성령이 나와의 협동을 통해 성화를 이루어 가신다. 성화의 주체는 내가 아니라 내 속에 거하시는 성령이다.

모세가 받은 시나이산의 율법은 영원 불변이면서도 영원 불변이 아니다. 폐기할 부분과 끝까지 보존되어야 할 부분이 있다. 버려야 될 부분은 구약 시대의 사회법과 의식법이다. 히브리인을 중심으로 임시로 내린 사회법과 의식법은 예수님이 오시면서 사명을 다했다. 계명법은 지금도 지켜야 한다. 주님은 "너희 의가 서기관과 바리새인보다 더 낫지 못하면 결코 천국에 들어

가지 못하리라"(마 5:20)라고 말씀하신다. 물론 구원을 위한 준수는 아니다.

복음과 율법은 바른 구원을 결정한다. 행위를 의지하겠다는 것은 행위로 하나님과 담판하고 의인이 되려는 노력이다. 자기 행위로 구원받은 사람은 없고, 앞으로도 없다. 우리가 은혜(복음)에 의지한다면 하나님의 은혜에 의지하고서 구원을 받지 못할 사람도 없다. 유진 피터슨은《메시지》에서 구원과 행동에 대해 말한다.

> 출애굽기의 반 정도(1-19장, 32-34장)는 가혹한 학대를 받던 미천한 한 민족이 종살이에서 건짐 받아 자유로운 삶으로 옮겨 가는 흥미진진한 이야기다. 나머지 반(20-31장, 35-40장)은 구원받은 삶, 곧 자유로운 삶을 지루하다 싶을 정도로 세심하게 가르치고 훈련시키는 과정이라고 할 수 있다. 구원 이야기는 이 둘 중 어느 한쪽이라도 없으면 온전하게 될 수 없다.

이스라엘은 이런 면에 실패하면서 율법 지상주의를 만들어 냈다. 결과는 외식주의자, 형식주의자들을 양산하면서 하나님이 선민으로 세우신 목적에 어긋났을 때 구원의 사명에서 폐기 처분이 된다.

지금도 이런 사상으로 믿는 신자들이 있다. 믿음으로 구원, 은혜의 선물로서의 구원을 받아들이지만, 실제적으로는 권선징

악 구원관을 믿는 율법주의 신자들이다. 이들에게는 구원은 (하나님의 선물로서의) 믿음으로 받고, 행위는 땅에서의 성화와 축복, 천국에서의 영화의 급수와 상관이 있음을 잘 설명해야 한다. 그래야 믿음과 행위의 두 날개로 균형을 잡고 날아간다.

이런 면에서 모세는 우리에게 몽학선생이다. 몽학선생은 그리스 시대에 아이가 자라서 16세가 될 때 시중을 들며 학교에까지 데려다주는 임무를 맡은 노예 교사이다. 보호만 아니라 인도의 기능도 있었다. 바울은 이 용어를 율법에 대한 비유로 사용하면서 "이같이 율법이 우리를 그리스도에게로 인도하는 몽학선생이 되어 우리로 하여금 믿음으로 말미암아 의롭다 함을 얻게 하려 함이니라 믿음이 온 후로는 우리가 몽학선생 아래 있지 아니하도다"(갈 3:24-25, 개역한글)라고 말한다. 개역개정판은 "몽학선생"을 "초등교사"로 번역한다.

몽학선생으로 살았던 모세가 우리에게 전달해 준 복 중의 하나가 바로 십계명이다.

Chapter 20

십계명 | 하나님의 법 아래서 자유하기

성경에 '언약'(言約)이라는 단어가 289회나 등장한다. 구약의 약(約), 신약의 약(約)이 약속, 언약, 계약이다. 구약은 옛 계약, 옛 약속이고 신약은 새 계약, 새 약속이다. 구약은 이스라엘을 대상으로 메시아를 보내 구원해 주겠다는 하나님의 약속이다. 신약은 인류를 대상으로 메시아가 오셔서 구원 역사를 완성하심으로 하나님이 약속을 지키셨다는 증명서이다. 하나님이 어떤 약속을 맺으셨고 약속을 지키기 위해 어떤 일을 하셨는가, 이것이 성경이고 기독교이다.

그리스도인이 된다는 것은 언약의 개념을 바로 알고 수용한다는 것이다. 이를 바르게 이해하지 못하면 구원은 은혜의 믿음으로, 삶은 행위로 드러내 보여야 하는 기독교의 근본이 왜곡되고 만다. 성경의 복음과는 반대로, 구원은 행위로 받으려 하고 생활은 은혜로 어물쩍 넘어가려 한다. 이것이 오래도록 구원의 진리를 변질시켜 버리고 있는 행위 구원이요 율법주의이다.

율법의 핵심은 십계명

하나님의 법, 율법은 도덕법, 의식법, 재판법으로 구성되어 있다. 율법의 요약은 십계명이다. 십계명은 시나이산에서 주셨다 해서 '시나이산 언약'(시내산 언약)이라고도 부른다. 하나님과 이스라엘 사이에 재체결되는 언약으로, 하나님 앞에서 어떻게 살며 행동해야 하는가를 알려 주는 지침서이다. 십계명은 이스라엘을 지켜 주시기 위한 하나님의 은혜의 울타리였다.

이스라엘은 하나님을 바르게 경배하기 위해 선택된 백성이다. 바르게 경배하는 매뉴얼이 계명이다. 하나님은 계명을 주시면서 그 주체에 대해 분명히 선언하신다.

> 나는 너를 애굽 땅, 종 되었던 집에서 인도하여 낸 네 하나님 여호와니라 출 20:2

율법 이전에 이집트의 종살이로부터 구원해 내신 구속자 여호와란 사실을 분명히 밝히신다. 하나님의 은혜에 감사하며, 계명을 지킬 법적 의무가 있음을 주지시키시기 위함이다.

"너는 누구냐? 너는 이집트 땅에서 종이었다. 나는 누구인가? 그 땅에서 구원해 낸 네 하나님 여호와이다."

여호와는 모세가 알게 된 '스스로 있는 자'이시다. 유대 전통에서는 이것을 첫 번째 계명으로 열거하기도 한다. 장 칼뱅(Jean Calvin)은 이를 "십계명의 서문(서언)"이라고 했다. 이 말씀에는 "나는 너희의 하나님이 되고 너희는 내 백성이 된다"라는 선포가 들어 있다. 여기까지는 은혜 언약이다. 은혜 언약의 특징은 행위와 관계없이 하나님이 일방적으로 약속하셨고 지켜 나가신다는 것이다.

이스라엘은 하나님의 국민이다. 국가에는 국민이 지켜야 할 법이 있다. 하나님의 국민이 지켜야 하는 법이 율법이고, 핵심이 십계명이다. 십계명은 행위 언약의 중심이다. 행위 언약의 특징은 행위를 조건으로 복을 주신다는 것이다. 십계명은 하나님이 직접 돌판에 새겨 주셨다. 모세가 기록한 다른 율법 조항들과는 다르다. 십계명은 크게 둘로 분류된다.

하나님을 바르게 경배하라 : 제1-4계명

하나님은 자신을 바르게 경배하도록 먼저 네 개의 계명을 주셨다.

제1계명은 경배의 바른 대상이다(출 20:3). 당시는 다신론 세상이다. 이집트에도 신들은 많았고 입성할 가나안은 신들의 잡화점이다. 예레미야 선지자는 "너의 신들이 너의 성읍 수와 같도다"(렘 2:28)라고 말한다. 대표적인 신이 석신(石神)인 바알이다. 하나님은 미리 유일신 신앙을 요구하신다.

제2계명은 경배의 방법이다(출 20:4). 제1계명이 누구를 섬겨야 하는지를 알려 준다면 제2계명은 경배의 바른 방법, 어떻게 섬겨야 하는지를 말해 준다. 제2계명은 거짓 우상을 만들지 말라는 것만 아니라 거짓된 예배도 금지한다.

금지 대상인 우상은 특히 '새긴' 우상, 하나님 모습을 새겨서 만드는 일이다. 하나님은 형상이 없는데도 종교적 상상력을 동원하여 무수한 모습들로 만들어 내었다. 이를 금하신 것이다.

제3계명은 경배의 정신이다(출 20:7). 히브리인에게 이름은 중요한 의미가 있다. 개인의 속성과 인격을 이름에서 찾기 때문이다. 그 이름에 대해 어떤 마음 자세를 갖느냐로 경배의 정신을 드러낼 수 있다. 성호(聖號) 오용 금지 계명이다.

제4계명은 경배의 시간이다(출 20:8). 하나님은 엿새 동안에 우주를 창조하시고 제7일에 쉬시면서 안식일 제도를 제정하셨다. 하나님은 사람을 손수 창조하셨기에 체질을 잘 아신다. 안식일 제도가 없다면 인간은 일하는 기계가 되어 삶의 질이 낮아졌을 것이다. 안식일 제정은 인간에 대한 하나님의 배려이다.

이상의 네 계명은 오직 하나님만 일심, 전심으로 섬기도록 주신 것이다. 이 계명들은 하나님 중심, 신본주의 신앙으로 이끌어 준다.

한국 교회는 제1-4계명에 대한 분명한 신관을 가져야 한다. 그렇지 않으면 다원주의가 되고 기독교 유일 신앙을 포기하게 된다. 그런데도 하나님의 말씀보다는 사람의 평판에 더 기대고 있다. 타 종교와의 대화라는 미명 아래 성당에서 여승이 "아베 마리아"를, 법당에서는 교회 찬양대원들이 찬불가를 부르면 보기에 좋다고, 종교의 참모습이라고 언론은 추켜세운다. 하나님은 모세를 통해 분명히 명하신다.

> 너는 가증한 것을 네 집에 들이지 말라 너도 그것과 같이 진멸당할까 하노라 너는 그것을 멀리하며 심히 미워하라 그것은 진멸당할 것임이니라 신 7:26

타 종교인의 성전 출입이 가증은 아닐지라도, 성전에서 승려들의 찬송가가 하나님을 찬양하는 예배가 아님은 확실하다. 타 종교와의 화합은 다른 방면으로 얼마든지 할 수 있다. 예배를 혼합시켜서는 안 된다. 이런 행위는 하나님이 십계명 전반부에서 금지하신 사항이다. 여기에서 무너진다면, 유일신 여호와 사상과 복음도 무너지고 만다. 모세는 바른 신관을 확립시킴으로 거룩하신 여호와의 신앙을 지켜 내려고 평생을 분투하고 백성들의 우상, 다원주의와 싸웠다.

하나님과 사람 사이 : 제5계명

제5계명은 하나님과 사람을 연결해 주는 고리 계명이다(출

20:12). 부모 공경을 통하여 여호와 경배의 바른 신앙을 보여 주신다. 하나님 공경과 부모 공경은 같은 맥락이다. 유대인의 삶에서 가장 엄한 계명은 대신 관계(제1-4계명)에서는 안식일을 범하는 것이고, 대인관계(제6-10계명)에서는 부모 공경이다. 부모에게 불효하는 자는 반드시 죽이라 했다(출 21:17). 그래서 유대인은 어려서부터 부모에게 순종함이 자식 된 첫 번째의 도리라 배운다. 효도에 실패하면 여호와 공경에 실패한다는 개념이 박혀 있다.

너의 이웃을 보전하라 : 제6-10계명

계명을 주신 목적 중의 하나는 가나안에서 이스라엘을 보호하시려는 것이다. 원주민은 타락하고 부도덕한 큰 죄인들이다. 그만큼 죄성이 강해 다신론 우상 숭배자들이면서 생명을 경시했고 이웃을 존중하지 않았다. 이스라엘이 입성하면 원주민들의 사상과 행동을 본받게 되면서 부패와 타락으로 잠식될 것이다. 그래서 가나안 입성 전에 계명을 주셨다.

제6-10계명은 가나안 원주민의 악한 습관과 행동에서 격리, 성별시키기 위한 하나님의 은혜의 방편이다. 이웃의 생명을 보전하라는 제6계명(출 20:13), 이웃의 순결을 보전하라는 제7계명(출 20:14), 이웃의 재산을 보전하라는 제8계명(출 20:15), 이웃의 명예를 보전하라는 제9계명(출 20:16), 이웃의 가정을 보전하라는 제10계명(출 20:17)이 그것이다.

십계명은 분리되는 열 개가 아니라 하나의 고리이다. 하나가 걸리면 아홉 계명이 걸리게 되어 있다. 텍사스 제일감리교회 찰스 알렌(Charles L. Allen) 목사는 "십계명 강해"에서 하나님은 십계명을 건네주면서 이렇게 말씀하셨을 것이라 풀이한다.

모세야, 네 백성은 이제 번영을 향하여 달음질하고 있다. 내가 그들에게 약속한 땅은 비옥하므로 그들의 수요보다 훨씬 더 풍족할 것이다. 사실 그 땅은 젖과 꿀이 흐른다. 그러나 모세야, 백성들은 물질을 소유하는 것만으로 행복할 수도 없고 성공할 수도 없다.
그러므로 나는 이제 삶을 위한 몇 가지 규칙을 주련다. 이들 규칙을 네가 이 백성들에게 가르치기를 바란다. 그대로 살면 복을 받을 것을 약속한다. 범하면 엄히 벌 받을 것을 경고하는 바이다. 그리고 모세야, 또 한 가지는 이들 규칙은 모든 백성을 위한 항구적인 삶의 규칙이 되어야 한다. 이것들은 낡아지지도 않으려니와 폐기나 변경될 수 없다.

그렇지만 이스라엘은 후대에 가면서 계명대로 살고자 하는 믿음을 버렸다. 호세아는 "율법을 수만 가지로 많이 써 주었지만, 그들은 그런 율법들이 자기들과는 아무런 관계가 없는 양 본체만체하였다"(호 8:12, 쉬운말성경)라고 책망한다. 그래서 지금은 세계에 흩어져 있는 유대인 대부분이 믿음을 버렸거나 세속화된 무늬만의 유대 신자이다.

하나님은 일찍 십계명을 주셨다. 하나님 사랑과 이웃 사랑에 관한 계명을 통해 세속적 영향을 차단시키려 하신다. 이스라엘은 계명을 충실히 지킴으로 하나님의 백성으로 거룩하게 살아 나가고 가나안 원주민과는 전혀 다른 거룩한 법을 좇아 성민으로 구별될 수 있다.

얼마나 좋은 법인가. 이것이 어떻게 행위 구원의 빌미가 되었을까. 이런 법은 선민으로 은혜 안에서 살아가게 만드는 규범이 되어야 했다. 그런데 언제부터 율법을 행위 구원의 요소로 삼으려 했을 때 율법주의가 되고 복음에 역행하는 교리가 되어 버렸다. 시나이산 평지에서 여호와 신을 사람이 조종하고자 하는 나쁜 율법의 징후가 나타난다. 금송아지 사건이다.

Chapter 21

금송아지 | 보이지 않아도, 하나님은 늘 계신다

시나이 평지에서 장막 촌 생활을 하면서 아침에 눈을 뜨면 본능적으로 확인하는 일이 있다. 구름 기둥의 상태이다. 구름 기둥이 정지 상태인가, 이동할 모양새로 바뀌고 있는가? 구름이 움직인다고 좋아할 일만은 아니다. 열두 개의 물샘(오아시스)과 종려나무 70그루가 있는 엘림은 얼마나 좋았던지, 광야의 천국이라 할 그곳에서는 몇 달이건 기둥이 정지되었으면 싶었다. (지금도 이집트에는 '카르케'라는 넓이 20-40킬로미터, 길이 150킬로미터에 이르는 오아시스가 있다.) 쓴 물이 있었던 마라에서는 빠른 행진으로 그대로 통과되기를 기대했다. 그렇게 이스라엘은 쾌적한 곳에서는 머무르기를 바랐고, 열악한 환경에서는 속히 떠나기를 바랐다.

하지만 상황은 바람대로 되지 않을 때가 많았다. 떠나고 싶은 환경에서는 두 기둥이 척척 짝이 맞아 꼼짝도 하지 않아 괴로움을 당해야 했고, 살 만한 곳에서는 일찍 구름 기둥이 움직여서 억지로 발을 떼면서 불평이 나오게 했다. 불평은 마른 벌판의 들불처럼 번지게 되어 있다.

송아지 형상으로 신을 만들고

오늘도 백성들은 시나이산을 바라본다. 대략 8킬로미터 정도 떨어진 평지에서 보는 산은 2,285미터의 높이만큼 웅장했다. 지도자 모세가 산에 오른 지도 한 달이 지났다. 백성들은 멀리 산을 바라보면서 그의 하산을 기다리는 중이다. 이곳이 목적지가 아니라는 것을 알기에 하루라도 빨리 걸음을 재촉해서 가나안으로 들어가고 싶었다.

모세를 기다리는 백성들의 인내가 바닥을 드러내고 만 것은 40일이 되었을 때이다. 40일 만에 돌아온다는 보장도 없었기에 더 이상 모세만을 기다릴 수는 없었다. 결국, 모세가 없는 상황에서 뭔가 대안을 찾고 싶었다. 그래서 눈에 보이는 신의 형상을 만들기로 했다.

이집트는 종교가 강세를 이루고 있는 고대국가이다. 가장 많이 숭배하는 황소 형상의 '아피스'(Apis)를 비롯해서, 인간의 모습을 가진 '프타'(Ptah)와 '오시리스'(Osiris), 악어 머리의 형상 '소브크'(Sobek), 매의 머리를 가진 '호루스'(Horus)와 '라'(Ra), 수양 머리의 '아문'(Amun)을 주요 신으로 섬겼고 태양과 나일강 등 자연 숭배도 성행했다. 이런 종교적 배경에 물들어 있는 백성들은 아론에게 신의 형상을 만들어 달라 요구하고 나선다. 아론은 나름 고민도 했겠지만, 조각가들을 동원해서 백성들이 제공하는 금 고리를 받아 부어 송아지 형상의 신을 만들었다.

하필이면 왜 풀이나 먹는 송아지 형상의 신을 만들었을까? 농업이 주업인 이집트에서는 소가 농업의 중심 수단이기 때문이다. 그래서 특정한 소는 태양신의 현신으로 숭배해서 죽으면 미라로 만들어 주기도 했다.

모세는 산에 오르기 전에 아론과 훌을 세워 백성들 간의 다툼과 송사를 처리하라는 당부를 했다. 특히 아론은 모세의 대행자가 되었다. 모세의 귀환이 늦어지자 백성들의 관심과 요구 사항은 아론에게 쏠렸다. 대제사장 반열의 시조이지만 아직은 하나님을 깊이 체험하지 못한 아론에게는 어떤 능력의 자산도 없었다. 성난 백성들의 요구가 거세지자 부인과 자녀들의 귀에서 금 고리를 빼어 오도록 했다. 이집트인에게서 받아 낸 물건들이다.

아론은 신의 형상을 요구하는 백성들을 거부하지 못하고 대신 귀중품을 요구함으로써 패물에 대한 애착심 때문에 우상 만드는 것을 단념토록 꾀했을지도 모른다. 특히 여인은 금은보석과 각종 장신구에 대한 애착이 강하니 아론의 계책은 그럴듯하게 보였다. 백성들은 뜻밖에 금 고리 패물을 주저 없이 내놓았다. 하나님이 패물을 취득하게 하신 것은 성막과 부속 기구를 만드는 데 쓰시기 위함이지만 백성들은 우상을 만드는 데 아낌없이 내놓았다.

아론은 그들에게서 금 고리를 받아 부어서 송아지 형상을 조각하고는 "애굽 땅에서 인도하여 낸 너희의 신"(출 32:4)이라 선포한다. 목축업을 하면서 소가 주는 특징을 염두에 두었던 것 같다. 소는 다산과 번영을 상징한다. 여호와도 이스라엘에게 다산과 번영을 가져다주는 신이시다. 송아지 형상은 이집트의 우상 '아피스'를 본뜬 것이다. 이후 금송아지 우상은 이스라엘 역사에서 끈질기게 이어진다(왕상 12:28).

하나님은 모세가 입산하기 전에 어떠한 형상이든 만들지 말라 명하셨다(출 20:4). 우상 제조와 숭배를 금하신 것이다. 금송아지 형상을 만들고 경배하는 행위는 하나님이 금하신 명령을 정면으로 어기는 일이다. 백성들의 무지가 이런 우상을 만들어 낸 것이다.

예비 대제사장 아론은 금송아지가 눈에 보이지 않는 여호와 하나님을 눈으로 보는, 즉 여호와 하나님의 형상이라고 선포했다. 금송아지를 경배하면서도 다른 신을 만들고 섬긴다는 생각은 하지 않았을 것이다. 눈앞에서 목도한 열 가지 재앙과 홍해의 기적, 지금은 광야에서 구름 기둥과 불 기둥이 매일 눈앞에 나타나는데 어찌 다른 신을 섬길 수 있을까. 그들은 오직 여호와 신만을 생각했다. 아직은 여호와 신에 대한 개념이 명확하지가 않았기에 형상으로 조각한 것이다.

이스라엘 백성은 구름 기둥과 불 기둥으로 하나님의 현현을 목도하고 있다. 두 기둥이 하나님의 형상처럼 느껴졌지만, 너무

거대했다. 뭔가 한눈에 쏙 들어오는 하나님의 형상을 만들어 눈앞에 두고 싶었다. 그래서 금송아지로 여호와 하나님의 이미지를 만들어 낸 것이다.

금송아지 형상 사건은 여호와 신에 대하여 아직도 히브리인이 초보라는 사실을 보여 준다. 이적과 상황들은 여호와의 참모습을 보여 주기보다는 전능하신 능력만을 클로즈업시켰다. 그래서 하나님의 속성에 대한 내용을 숙지할 시간을 얻지 못했다.

소비자 중심의 신을 만들고

하나님은 자신을 드러내면서 "스스로 있는 자"(출 3:14)라 하셨다. 스스로 존재한다는 것은 출생과 죽음이 없는 존재, 즉 태어나고 성장하고 노쇠하고 죽어 가는 육체가 아니라는 의미이다. 그러면 모양 자체가 없으신데, 눈에 보이는 육체적 형상으로 신을 조각한 것은 선한 의도와는 달리 하나님을 송아지의 차원으로 격하시켰음을 뜻한다. 백성들이 저지른 잘못은 여호와를 자신들의 필요를 위한, 필요를 채워 주는 이집트의 신들과 동급의 신으로 만들어 버린 것이다.

> 그들이 내게 말하기를 우리를 위하여 우리를 인도할 신을 만들라 이 모세 곧 우리를 애굽 땅에서 인도하여 낸 사람은 어찌 되었는지 알 수 없노라 하기에 출 32:23

백성들은 신의 형상을 요구하면서 "우리를"이라는 말을 세 번이나 반복한다. 내가 하나님을 위해 존재하는 것이 아니라 하나님이 나를 위해 필요한 존재로, 신을 만들라고 요구한다. 눈에 보이는 육체적 신, 만들어진 신이다.

세상 거의 모든 신은 보이는 형상이다. 이집트에서는 황소의 형상, 인간, 악어의 머리 형상, 매, 수양 머리의 모습을 한 다신들을 섬겼다. 확실히 히브리 백성은 이집트의 다신론의 영향에 깊이 물들어 버렸다. 내가 원해서 신이 필요하고, 신은 내가 요구하는 대로 들어주어야 한다는 기복주의, 소비주의, 인본주의 신을 만들어 버렸다. 여호와 하나님 신을 얼마든지 내가 만들고 조종할 수 있는 하급 신으로 급수를 낮추어 버린 것이다.

하나님이 기분이 좋으실 리가 없다. 다른 범죄는 책망하고 몇 사람을 치는 것으로 끝내셨는데 이번에는 아예 부족 자체를 교체시켜 버리겠다고 하신다. 엄포가 아니라, 백성들이 얼마나 괘씸한지 아주 완벽히 없애 버릴 작심을 하신 것이다.

> 내가 이 백성을 보니 목이 뻣뻣한 백성이로다 그런즉 내가 하는 대로 두라 내가 그들에게 진노하여 그들을 진멸하고 너를 큰 나라가 되게 하리라 출 32:9-10

큰 나라가 되게 하겠다는 계약은 아브라함과 맺으신 것인데(창 12:2, 18:18) 백성들이 계약을 깨뜨렸기 때문에 이를 철회하고 모세를 대표로 새 계약을 맺으시겠다는 것이다. 모세가 덥석 받아들였다면 이스라엘은 '아브라함의 자손'이 아닌 '모세의 자손'이 되었을 것이다. 그러면 문제는 심각해진다. 아브라함이나 영적 후손은 아브라함과 같이 믿음으로 의롭다 함을 받는(롬 4:3) '믿음의 후손'인데, 모세의 자손으로 호적이 변경된다면 모세의 율법을 지켜 행위로 의롭다 함을 받는 '율법의 후손'이 된다. 율법은 구원을 주지 못한다.

모세가 이를 왜 모르겠는가. 하나님이 내미시는 황송한 제안을 사양한다.

> 어찌하여 … 여호와가 자기의 백성을 산에서 죽이고 … 진멸하려는 악한 의도로 인도해 내었다고 말하게 하시려 하나이까 … 맹렬한 노를 그치시고 … 화를 내리지 마옵소서 출 32:12

모세가 하나님의 제안을 거절한 이유는 하나님의 영광을 위해 하나님이 참으셔야 한다는 것이다.

"큰 나라 조상이 되면 저는 좋지만, 하나님의 영광이 가려집니다. 사정 모르는 이방인들이 '히브리 놈들 꼴좋다! 나라를 세운다며 나가더니 광야에서 멸족했다며? 여호와 신이 있기는 뭐가 있어?' 그렇게 조롱하면 하나님의 영광이 어찌 됩니까? 우리는 하나님의 영광을 위해 있습니다. 하나님의 영광을 위해 이 백성들을 용서하소서. 고정하옵소서!"

모세의 영성이 최고조로 빛을 발하는 순간이다. 일개 직원에게 졸지에 사장으로 임명한다는 말도 거절하기 힘든 매력적인 유혹인데 한 민족의 조상이 된다는 명예로운 신분은 눈이 돌아갈 제안이다. 모세는 거절한다. 이 거절은 그가 보여 준 수많은 이적과 어떤 리더십보다 훨씬 위대하다. 하나님도 얼마나 감동하셨으면 아예 당신 자신을 모세에게 보이셨을까(출 33:18-23). 물론 슬쩍 등을 보이기만 하셨으나 엄청난 영광이다. 제대로 보았으면 그 자리에서 즉사했을 것이다.

우리가 소비자 중심의 신앙관을 개선하지 않으면 성경 지식과 기도, 큐티조차 아론의 소비자 중심의 종교에 불과하다. 하나님의 영광을 생각하지 않고 내 욕구를 채워 주는 신을 만들어 낸 종교 열정이 어떻게 맑은 영성이 될 수 있을까.

그런데 모세는 어떻게 단시일에 한 국가의 시조를 거절하는 크고도 맑고도 깊은 영성을 소지할 수 있었을까?

Chapter 22

영성 | 돌아가 다시 시작하라

그동안 숱하게 모세를 설교했고 가르쳐 왔다. 난민과 같은 백성들을 이끌고 이집트에서 성공적으로 탈출시킨 내용이 대부분이다. 모세는 능력, 용기, 담대함, 온유, 장수, 리더십… 항목에서 어느 것 하나만 가져도 성공적인 삶을 살 텐데, 모든 것을 다 갖춘 빼어난 영웅이다. 우리는 오랜 세월을 그렇게 절세의 영웅 모세를 전했다.

그런데 이 글을 쓰면서 모세와 가까이 지내다 보니 외적 특출함에 가려진 모세의 깊은 영성을 주목하게 되었다. 모세는 능력보다 더 큰 영성을 지녔던 영성가이다. 그동안 그것을 놓쳤다. 내가 말하는 것은, 단순히 모세의 영성 그 자체가 아니다. 광야 지도자로 살았던 40년 동안 모세의 영성은 곳곳에서 빛을 발한다. 문제는 그 영성이 언제부터 시작되었을까 하는 점이다.

호렙산에서 영성을 대하다

아는 것처럼, 모세는 영성 훈련을 받을 기회가 특별히 없었다. 이집트 왕궁에서는 세상 영광을 따라 사느라 영성이 없었고 미디안 광야에서의 40년은 고달프게 사느라 영성에 둔감했다. 지난 80년은 그렇게 하나님을 제대로 알지도 못했고 체험해 본 적도 없다. 80세가 되었을 무렵, 호렙산의 불붙은 떨기나무 광경에서 하나님을 만나고 비로소 개인적인 관계를 갖게 된다. 그때부터 영성이 시작되었을 것으로 나름 추측해 본다. 물론 그때까지만 해도 초보 영성이다.

모세는 불붙은 떨기나무를 목격하면서 미디안 목자의 삶을 마감하고 곧장 이집트로 출발했다. 그래서 호렙산에서는 더 깊은 영성 훈련을 받을 시간이 없었다. 형 아론도 별로 영향을 끼칠 만한 영성은 없었다. 고센 땅의 히브리 영성가들과의 교제도 없었다. 파라오와의 대결에서 보여 주었던 용기, 홍해 앞에서의 담대함, 대부족을 끌고 가면서도 망설이지 않는 늠름함은 영성보다는 지도력 측면이 강하다. 백성들과 살아갔던 광야 생활은 지도력으로 버티기에는 너무 장기전이고 괴로운 소모전이었다. 그런 환경에서 영성을 터득하기에는 상황이 좋지 않았다.

그럼에도 광야 지도자로서의 모습은 누가 보더라도 단순한 리더십이 아니다. 백성들이 원망하고 불평할 때마다 기도의 자리로 나아가는 믿음, 열두 지파가 뽑은 정탐꾼 지도자들을 제외시켜 버리고 여호수아와 갈렙으로 가나안의 리더를 세워 나가는 미래 청사진은 영성이 없으면 쉬운 일이 아니다. 두 손 높이 들어 기도해 아말렉을 꼼짝 못 하게 만들었던 능력도 그냥 전술이 아니다. 모든 것이 영성, 기도 영성의 힘이다. 모세는 영성의 힘을 언제 배우고 체험하고 성장시켰을까?

모세에게 영성의 출발은 시나이산에서 시작된다. 지난 80년의 삶이 의미가 없다는 말은 아니다. 누구에게나 어떤 시간, 어떤 일에 의미가 없는 날은 없다. 그러면서도 모세가 영성의 길을 시작한 것은 십계명과 율법을 받으려고 시나이산에 올랐던 그날부터이다.

모세가 사명을 받은 호렙산은 시나이산과 지리적 구별을 엄밀히 하고 있지 않아 여러 해석을 낳는다. '호렙산의 정상 부분만을 일컬어 시나이산이라 한다', '큰 산에 두 봉우리가 있어 각각 호렙, 시나이라는 명칭이 붙었다', 아니면 '두 산은 동일한 산으로 두 가지 이름을 갖는다'는 해석들로 갈린다. 그만큼 두 산의 관계를 엄밀히 구분하기란 어렵다. 그래서 성경에서는 종종 번갈아 사용되기도 한다. 호렙산, 시나이산은 하나님이 백성들을 만나시기 위한 현현의 장소로 간주되어 이스라엘 백성에게는 대대로 거룩한 산, 언약의 산으로 기억되고 있다.

하나님이 시나이산으로 인도하심은 백성들보다는 모세를 향한 일정이다. 호렙산에서 모세를 불러내어 사명을 맡기셨을 때 이집트를 탈출한 후 이곳 시나이산에서 자신을 경배하게 될 것이라고 예고하셨던 바가 있다(출 3:12). 약속대로 모세는 백성들과 함께 돌아왔다.

하나님이 시나이산으로 인도하신 것은 어떻게 하나님을 경배해야 할 것인지를 계시하시기 위함이다. 그 계시가 율법과 십계명이다. 하나님은 시나이산 언약, 십계명 언약을 통하여 이스라엘이 어떻게 제사장 국가가 될 것인가(출 19:6), 즉 하나님과 이스라엘의 관계를 구체화하신다. 아브라함, 이삭, 야곱 등 선대 족장들과 맺어 왔던 구원의 언약이 이제는 한 민족으로서의 이스라엘과 맺으신 구속의 언약으로 발전, 구체화된 것이다. 그리고 그 언약을 잘 지켜 내기 위해 주어진 것이 율법이다. 율법 수여 과정은 모세 개인을 위한 영성 훈련 프로그램이기도 하다.

시나이산에서 영성 수업을 듣다

모세는 산 정상으로 오른다. 백성들은 평지에 장막을 쳤다. 누구도 접근을 금지당한 채 옷을 깨끗이 빨아 입고 성결한 상태로 3일을 기다리도록 했다. 하나님이 이스라엘과 공식적으로 언약을 맺으시기에 앞서 언약이 갖는 의미와 중대성을 깨우쳐 주시기 위함이다.

제3일이 되었을 때 산의 꼭대기에 여호와께서 강림하셨다. 천둥과 번개가 치면서 온통 구름에 둘러싸여 있는 상황에 임재하신다(출 19장). 산꼭대기에서 영성 학교가 열렸다. 영성 학교에서 하나님은 하나님의 일을 하시고 모세는 모세의 일을 한다. 하나님은 돌판에 십계명을 새기는 일을 하시고 모세는 기도하는 마음으로 돌판에 새겨지는 하나님의 작업을 주시한다.

하나님은 율법을 제정해 주시고 가르쳐 주신다. 율법은 여호와께 대한 제사법(의식법), 사회생활에서 발생하는 분쟁이나 문제들을 다룬 민법(재판법, 소송법), 사람의 도리를 지키고 사는 도덕법이다. 이제 이스라엘은 제대로 된 선민으로 법을 가지게 된 것이다.

모세는 성실히 듣고 기억하고 암송하고 마음에 새긴다. 그리고 기록으로 남긴다. 거룩하시고 신령하신 하나님 앞에서 먹을 생각도 없이 금식하며 율법을 받았다. 그렇게 하나님의 임재 가운데 예배와 경청과 기도와 묵상과 금식으로 40일을 보내고 내려왔다(출 24:18; 신 9:9).

그런데 하산해 보니 아론을 중심으로 백성들이 송아지 형상을 만들어 엎드리며 광란의 축제를 벌이고 있다. 그 황당한 모습에 너무도 어이가 없고 분을 이기지 못하여 손에 들고 있던 돌판을 금송아지를 향하여 내던졌다. 그날, 모세의 명을 받은 레위인의 칼에 3천 명이 죽었다.

하나님이 그 죽음으로는 성이 차지 않아 이스라엘을 버리겠다고 하신 말씀에, 모세는 다시 40일을 백성들을 대신하여 회개하며 하나님의 용서와 자비, 긍휼을 구했다(신 9:18). 이에 하나님은 노를 푸시고 재차 산을 오르도록 하셨다. 하나님이 계명 돌판을 작업하시고 넘겨 주실 때까지 떡도 먹지 않고 물도 마시지 않는 완전한 금식으로 40일을 보냈다(출 34:28). 이렇게 모세는 시나이산에서 거의 연속으로 40일 금식을 두 차례나 한다(이때의 금식을 3회로 보기도 하지만,《호크마주석》은 2회라 한다).

모세의 일생에서 우리는 이 시기를 놓치고 만다. 모세는 80일을 연이어 금식하며 묵상하며 하나님 속으로 들어가는 깊은 영적 체험을 했다. 모세의 영성은 이때 강력하게 형성되었다. 하나님의 임재 속에서 이렇게 장기 금식을 한다면 하나님의 영으로 충만하지 못할 사람은 없는 것이다.

모세는 그렇게 시나이산에서 고된 영성 훈련 과정을 마쳤다. 이후에도, 시나이산을 떠나 가나안으로 가는 여정에서 가데스 바네아에서 정탐꾼들의 악평을 듣고 하나님의 노여움을 샀을 때도 40주야를 여호와 앞에 엎드려 간구했다(민 14:13-19; 신 9:25-29). 죽을 각오로 생명을 걸고 40일 금식을 이리도 자주 했으니 그만큼 하나님의 영으로 충만했다. 그래서 끝까지 정도를 걷고 초심을 잃지 않았다. 그것이 영성의 사람으로 살아가게 했다.

신학교에 들어가면서도 목회를 할 생각은 없었다. 문서선교 사역자의 꿈을 안고 신학을 했는데 어쩌다 보니 목사가 되고, 어쩌다 이듬해에 개척 교회를 하게 되었다. 새내기 목사로 31세였다. 교육 목회를 꿈꾸면서 가르치는 목회를 했다. 그러다가 가정에 병고가 생기고 20일을 금식하면서 기도의 맛을 알게 되고 진정한 성령 충만이 무엇을 의미하는지를 체험하게 되었다.

기도원에서 20일 금식 기도를 하면서도 주일 강단은 꼭 지켰다. 교회에서 보내 준 승용차를 타고 내려오면 예배실에서 냄새가 났다. 몸의 냄새보다 세속의 냄새이다. 한 주간 내내 금식하면서 몸은 힘들어도 영은 신령해지면서 교회 안에 들어와 있는 세속화의 냄새가 맡아졌다. 그 시절이 내게는 영성이 제대로 시작되고 가장 풍성했던 시절이다.

모세의 능력은 하루아침에 얻어진 것이 아니다. 시나이산 정상에서와 백성들이 장막 촌을 이루고 있는 아래 평지에서 40일 금식 기도를 연달아서 하면서 훈련된 영성에서 그의 지도력은 빛을 발한다. 한국 교회는 영성이 시작되었던 그 자리로 돌아가야 한다. 그래서 영성이 깊은 교회로 회복되어야 한다. 그러면 우리도 주님의 성소로 가까이, 더 가까이 나가야 한다.

Chapter 23

성막 | 하나님께 가까이, 더 가까이

하나님은 성막 건립을 지시하셨다. '성막'에는 '거하고 있다'는 의미가 들어 있다. 하나님이 자기 백성들 가운데 거하시는 처소이기에 성소(聖所)라고 알려져 있다. 하나님이 지시하신 성막 건립은 보통 꼼꼼한 게 아니다. 우주를 창조하실 때는 엿새 동안, 창세기 1장(31절)으로 기록이 끝나지만, 성막의 용도와 건립 과정은 시간도 오래 걸리고 출애굽기에 25-27장, 30-31장, 35-40장 등 무려 11장에 걸쳐 상세히 기술된다. 그만큼 중요하다는 것이다.

성막 전체를 아우르는 회막은 이집트의 운반용 대형 천막이나 군대 막사와 비슷했다. 성막의 울타리(회막 뜰)는 직사각형 형태로 사방에 세마포 휘장을 쳐서 외부와 차단했다. 길이는 약 45.7미터, 너비는 약 22.8미터로, 총 60개의 기둥이 약 2.3미터 간격으로 세워져 외부에서 아무도 넘어올 수 없다. 동쪽으로 난

9-10미터짜리 출입문이 유일하며 성구 중에 일곱 성물이 특별히 중요하다. 일곱 성구 중 성소 앞의 안뜰에 두 개의 성구를 배치했다. 할례자는 누구든 출입했다. (성막의 크기는 자료마다 약간씩 차이가 있는데, 본서에서는 호크마주석을 참고한다.)

번제단 | 속죄를 위한 희생 제사의 놋제단으로 동물을 묶는 네 뿔이 있다.

물두멍 | 제사장이 제사를 위해 몸과 제물을 씻는 맑은 물이 담긴 청동 대야이다. 거울로도 사용한다.

회막 뜰의 서쪽 끝에 설치된 성막은 목재 틀 구조로 지어졌고, 길이는 13.7미터, 폭과 높이는 각각 4.6미터였다. 성막 안은 두꺼운 휘장을 쳐서 성소와 지성소로 구분했다. 제사장은 매일 성소를 드나들 수 있었고, 지성소는 1년 중 대속죄일 하루, 대제사장만 들어갈 수 있었다.

분향단 | 지성소 휘장 앞에 위치한 정사각형의 금제단으로, 크기는 가로세로 약 1규빗(약 45센티미터), 높이는 약 2규빗(약 90센티미터) 정도이다.

정금 등대 | 성소의 남쪽에 위치한 순금 촛대로, 가운데 줄기를 기준으로 여섯 갈래의 가지가 있어, 총 일곱 개의 등불이 있다.

진설병 상 | 등잔대 맞은편 성소 북쪽에 있으며, 이스라엘 열두

지파를 상징하는 열두 개의 빵이 진설되어 있다.

법궤 | 금박을 입힌 나무 궤로, 십계명 돌판과 만나, 아론의 싹 난 지팡이가 보관되어 있다.

속죄소 | 법궤 위에는 금 날개를 가진 두 체루빔(그룹, 천사의 조각상)이 마주 보고 있는 덮개가 있는데 이를 속죄소(시은좌)라고 한다. 법궤와 속죄소는 구분되지만 밀접하게 결합되어 있다.

싯딤나무에 금을 입혔더니

하나님이 거하시는 성막은 최고의 장인(匠人)들이 만들어 낸 걸작품이다. 성막이 완성되자 시나이산 꼭대기에 머물렀던 하나님의 영광이 성소를 채우고(출 40:34-38) 백성들 가운데 거하시면서 가나안으로 인도하셨다. 성막이 거룩한 처소가 된 것은 성구가 거룩해서가 아니다. 거룩하신 하나님이 거하시고 성령이 임재하시기에 그윽하고 거룩한 성막이요 성소가 된다.

하나님은 수없이 거룩을 명하셨다(레 20:26). 성막과 십계명은 구원이 아니라 거룩을 위해 주신 방편이다. 성막에서 거룩하신 하나님을 만나면서 성결로 나가고 일상생활에서 십계명과 율법을 지켜 정결을 쌓는다. 이 과정이 성화(聖化)이다. 성화는 거룩해 가는 과정으로, 거룩에 대한 명령은 결국 성화를 이루라는 명령이다. 그 일을 성막이 감당하고 있다. 성막은 여호와의 백성에게 내려 주시는 하나님의 크신 선물이다. 예수라는 메시아의 큰 선물이 아직 오지 않았기에 성막을 통해서라도 하나님의 임재를 누리는 은혜를 주신 것일까.

성막에서 중심되는 성물은 지성소에 있는 법궤이다. 하나님이 백성들을 만나 주시는 임재의 장소로 '여호와의 언약궤'(민 10:33), '증거궤'(출 25:21), '하나님의 궤'(삼상 4:11) 등의 여러 명칭이 있다. 길이는 약 114센티미터, 높이와 너비는 각 약 68.4센티미터로 된 장방형 상자이다. 시편 기자는 법궤를 '주의 권능의 궤'(시 132:8)라고도 칭했는데, 권능의 하나님이 절대적 능력으로 도와주시는 상징이기 때문이다. 목숨을 걸고 지켜야 할 성물이다 보니 때로는 신비한 유물처럼 숭배하게 되고 전쟁터에서 앞세우는 실수를 하기도 했다(삼상 4:4). 그만큼 귀하게 여겼다.

지금 법궤 성물이 있다면 부르는 게 값이다. 물리학자 알베르트 아인슈타인(Albert Einstein)의 손 편지 '신의 편지' 한 통이 경매에서 32억 원에 팔렸다. 1954년 74세, 죽기 1년 전에 쓴 편지이다. 법궤는 지금까지 3,500년 가까이 되었으니 값을 매길 수가 없다. 유대인에게는 큰 대가를 치러서라도 다시 얻고 싶은 성궤 성물이다.

하나님의 임재를 상징하는 귀한 법궤도 알고 보면 그 재질은 하찮다. 광야에서 자라나는 싯딤나무(조각목)로, 흔한 나무이다. 법궤만 아니라 번제단, 진설병 상 등 성물 재료는 싯딤나무이다. 아카시아(아카시)와 유사해서 공동번역과 새번역성경은 "아카시아"로 번역한다.

싯딤나무는 높이가 5-8미터 정도로 자라며 봄과 늦여름에 꽃이 핀다. 수분을 빼앗기지 않으려고 잎사귀가 가늘게 갈라져 있다. 땅속 100미터까지 뿌리가 뻗어 건조한 사막에서도 잘 자라며 나무껍질은 붉은 갈색, 가지에는 가시가 있다. 오래 견디는 내구성이 있어 잘 썩지 않고, 벌레에도 강하며, 나뭇결이 단단하고 뒤틀리지 않아 망치나 도낏자루, 천막 기둥과 관(棺)을 비롯하여 각종 건축 자재로 사용된다. 바란 광야에는 3,560년 수령의 싯딤나무도 있다고 한다. (참고로, 우리나라에서 가장 오래된 나무는 용문산 은행나무로 수령이 1,018년이다.)

광야에서조차 별로 볼품이 없는 아카시아(아카시) 궤는 조각가 브살렐이 하나님의 명대로 순금으로 안팎을 감쌌을 때(출 37:1-2), 그 하찮은 나무가 순금 법궤가 되어 성막 중에서도 가장 은밀한 장소 지성소에 안치되어 하나님의 영광이 임하는 귀하디귀한 나무가 된다. 물론, 싯딤나무로 만들어진 법궤가 금으로 쌌다고 엄청난 성물이 되는 것은 아니다. 도금된 법궤보다는 속에 담겨 있는 돌판과 만나, 싹 난 지팡이가 있어 귀한 성물이 되었다. 훗날, 만나와 지팡이는 사라졌고 돌판만 남았다(왕상 8:9).

하나님은 독생자를 연약한 육체로 가리고 세상에 보내셨다. 볼품없는 흙수저로 태어나 가난했고 부모 후광도 없고 인정도 받지 못해서 버림받고 배척당하셨다. 그래도 연약한 육체 안에 성자 하나님이 계셨다. 주어진 일상에 만족하셨고 기뻐하셨다. 가시나무처럼 볼품없으셨지만, 하나님은 부활과 승천과 보좌 우편의 자리라는 영광의 금으로 입혀 주셨다.

그런 것이다! 그릇의 중요함은 그 속에 무엇이 담겨 있느냐에 있다. 보기 좋은 그릇이라도 구정물이 들어 있으면 내다 버린다. 사람이 귀하다는 것은 귀한 뜻을 품었기에 귀한 사람이요, 못난 뜻을 품으면 못난 사람이다. 못생긴 그릇 속에 더 아름다운 영혼이 숨 쉴 수 있다. 그럼에도 내면을 중시하며 가꾸어야 할 그리스도인조차 외향적이고 외모지상주의이다. 그리스도인들이 가장 갖고 싶어 하는 성탄 선물 1번이 '성형수술 상품권'이라면 말해서 무엇하랴.

지금은 거친 들판에 홀로 서 있는 싯딤나무처럼 외롭고 초라할지라도 하나님의 눈에 띄어 다듬어지고, 그래서 좋은 법궤가 되어 지성소에 보관될 그 영광의 날을 기대하며 살아가기를….

성막 중심의 공동체

이집트에서 출발했을 때 20세 이상의 장정은 60만 3,550명이다. 40년이 흘러 계수했더니 60만 1,730명으로 1,820명의 결원이 났다(민 26:51). 오랜 세월에 방황하며 매를 맞으면서도 와해되지 않았다. 체계적이고 훈련된 조직체는 아니면서도 개미 집단처럼 한마음으로 하나의 장소를 중심으로 움직였다. 성막 중심이다. 불 기둥, 구름 기둥의 역할이 컸지만, 이스라엘 공동체의 구심점은 성막, 회막으로 광야의 천막 성전이다.

광야 공동체는 회막 중심으로 진을 쳤다(민 2:2). 구름 기둥, 불 기둥이 이동할 기미가 보이면 낮이건 밤이건 회막을 정리하고 여호와의 언약궤를 앞세우고 출발했다. 언약궤는 백성들 앞서가며 쉴 곳을 찾아냈다(민 10:33). 광야 공동체가 수장들의 생각대로 움직였다면, 사분오열되었을 것이다. 회막이 있기에 흩어지지 않았다. 언약궤를 멘 일행이 멈추면 회막 중심으로 장막 촌을 만들고, 하루이건 일주일이건 머물렀다. 회막을 떠난 자는 광야에서 사라졌다.

이스라엘이 걸었던 광야는 유랑 신세이기에 길 자체가 없다. 나침반도 없고 가나안을 제대로 아는 가이드도 없다. 광야는 길이 생겼다가 없어지고, 오늘 모래바람이 불어와서 길을 없애 버릴 수도 있다. 겨울에 좋은 길이 있고 여름에 좋은 길이 있다. 유목민이 기습해서 생명을 약탈하고 재산을 갈취할 수도 있다. 설령 길이 있다고 해도 신기루일 수도 있다.

이스라엘은 길을 따라가지 않고 언약궤를 따라갔다. 언약궤는 구름 기둥, 불 기둥을 따라갔다. 두 기둥에 하나님이 임재하시고 회막 역시 하나님의 임재가 있다. 불 기둥, 구름 기둥, 성막은 일체를 이루고 움직였기에 오아시스를 만나고 반석을 치면 물이 나오고, 그렇게 광야 공동체는 살아남을 수가 있었다.

길 때문에 마음이 상하고 돌아가는 길 때문에 불평도 했다. 그래서 눈에 보이는 대로 갔던 사람들은 지리멸렬했다. 이런 사람이 많을수록 그 지파는 인구가 감소했다. 돌아가는 길이지만 안전한 길이다. 회막이 중심을 잡아 주었고 법궤가 앞서기 때문이다.

법궤가 앞서다

유대인의 주석서 《미드라쉬》는 법궤가 자체적으로 움직이고 능력을 발휘했다고 한다. 그 해석도 일리가 있는 것이, 바알레유다에 있던 법궤를 다윗성으로 옮기는 과정에서 갑자기 소들이 뛰면서 법궤가 넘어지려 하자 운반 책임자 웃사가 붙들었다가 즉사했다(삼하 6:6-7). 수레가 돌부리에 걸려 비틀거렸을 수도 있지만, 법궤 자체가 정지했고 소들이 억지로 끌고 가려다 흔들렸을 수도 있다. 레위인이 어깨에 메고 운반해야 하는 법궤의 규정을 어기고 수레로 옮기려 했기에 법궤가 제동을 걸었을 것이다. 그만큼 법궤는 하나님의 임재의 현장이다.

이스라엘 백성과 법궤를 메고 가는 레위인은 핸들이 움직이는 방향으로 자동차가 나가듯이 그렇게 법궤 핸들에 자신들이 나아갈 길을 맡겼다. 누군가 광야 높은 언덕에서 이스라엘의 대형을 내려다보았다면 동서남북 세 지파씩 진을 치고 행진하는 모습이 성막 중심으로 열십자 십자가를 이룬 모양처럼 보였을 것이다. 성막의 십자가 안에 하나님이 좌정하고 계신 것이다.

성막, 회막은 하나님의 임재를 상징하기에 가까이함은 하나님께 가까이함이다. 진정한 공동체는 하나님과 가까이할 때 서로 가까워진다. 교회와 멀어지면서 그룹을 짓는다면 분쟁의 원인이 되고 근심거리가 되는 것이다.

성막, 회막은 하나님이 임재하시는 교회를 상징한다. 이스라엘이 성막 중심으로 초점을 맞추었듯이 우리도 교회에 임재하시는 하나님께 초점을 맞추어야 한다. 성막 믿음 안에 늘 있어야 한다. 행진이 더디다고 성막을 떠나간다면 길을 잃어버린다. 광야를 졸업하면서 알고 보니, 백성들이 성막을 지킨 것이 아니라 성막이 백성들을 지켜 준 것이다. 교회 공동체가 그런 곳이다.

이스라엘은 법궤를 앞세우고 시나이산을 출발한다. 가나안이 가까워지고 있다. 그래서 미리 정탐꾼을 보내 보자고 했는데, 이것이 출애굽 역사에 영원히 한이 될 줄은 누구도 몰랐다.

Chapter 24

정탐의 함정 | 가능성이 보이지 않을 때

시나이산에 도착한 때로부터 만 11개월 5일이 지났다(민 10:11). 율법을 받아 국가의 면모를 이루고 새 나라 국민이 된 자부심으로 출발했는데 가데스 바네아에 도착했다. 시나이(호렙)산으로부터 광야를 통과하여 여기까지 열하룻길이다(신 1:2).

시나이산 평지에서 1년여를 머물면서 지루하면서도 편안하다 보니 본격적으로 시작되는 가나안 입성에 마땅한 정보가 없어 불안했다. 불 기둥, 구름 기둥이 앞서지만 언제 사라질지도 모른다. 이방인 쿠스(구스) 여인을 취하고 미리암과 아론의 항의를 받은 일로 모세의 리더십도 타격을 받았다. 주변의 척박한 환경으로 역시 하루가 고달프다.

다수의 정탐꾼 편에 섰다가

　모세의 리더십을 불신하는 지도자들과 백성들은 정탐꾼 파견을 요구한다(신 1:22). 시나이 평지에서 군대 조직도 완료된 상태였기에 원주민을 정복할 실력도 되었다. 그래서 가나안의 어느 길로 올라가고 어느 성읍으로 진격해 들어갈 것인가를 미리 정탐해 보자는 것이다. 틀린 판단은 아니다. 전투를 앞두고 적지 정탐은 당연한 전략이다.

　이집트를 떠나온 이스라엘의 경우는 다르다. 그들은 하나님의 인도하심만을 의지하여 행진해 왔다. 구름 기둥과 불 기둥이 앞서고 법궤가 길을 인도했다. 가나안 입성에서도 하나님의 언약과 안내를 받으며 가면 되는 것이다. 그렇지만 백성들은 언약보다 정탐을 원했다. 모세는 하나님께 여쭈었고, 그리하라는 명령을 받았다. 그래서 지파별로 1인씩 선발해서 열둘을 택했는데(민 13:4-15) 임시로 선발된 지도자급 실무자들이다.

　열두 정탐꾼을 파송한 결과는 최악이었다. 첩보 활동은 수집해 온 정보를 어떻게 해석하느냐에 달려 있다. 정탐꾼들은 가장 나쁜 정보를 전했고 백성들 역시 나쁜 정보를 선택했다. 정탐 보고로 여호와 하나님은 물론 모세와 가나안에 대한 불신이 팽배하게 되고, 40년 광야의 방황과 60만 명이 광야를 헤매다 죽는 참혹한 결과를 가져왔다.

　왜 그랬을까? 정탐해 보니 가나안의 상황이 생각보다 나빴다. 대부분이 황무지, 쓸모없는 산, 모래 언덕이고 초원은 작았다. 지상 천국의 개념을 염두에 두었던, 가나안에 대한 환상이 너무 컸다. 하나님이 세상의 땅 중에서 고르고 골라서 내주신 젖과 꿀의 땅이라면 나일강 주변의 비옥하고 풍성한 땅보다 훨씬 좋은 땅임에 틀림이 없다는 기대에 꽂혀 버렸다. 처음 입력된 정보가 이후의 의사 결정과 판단에 지속적으로 영향을 주는, 일종의 닻 내림 효과이다.

이스라엘 실무진이 탐사해 본 결과 젖과 꿀이 흐르는 땅이라는 말은 맞기도 하고 틀리기도 했다. 갈릴리 산지와 사마리아 산지를 가르는 이스르엘 계곡은 비옥한 농경 지대이다. 부드러운 석회암과 백운석으로 이루어진 해발 500-1,200미터의 갈릴리 언덕은 사계절 내내 흐르는 작은 시내와 풍부한 강우량 덕에 항상 푸르름을 유지한다. 젖과 꿀이 흐른다는 땅이 맞다.

그러나 더 너른 지역은 젖과 꿀이 흐르도록 고생하고 개간 작업을 해야 하는 척박한 땅이다. 보고 대회에서 풍성한 산물을 높이 쳐들고, 가나안 전역에 젖과 꿀이 흐르며 이것은 그 땅의 과일이라고(민 13:27) 목소리를 높였지만, 살다 온 이집트의 고센 땅보다 당최 못했다.

원주민 아낙 자손 네피림도 큰 장애물이었다. '네피림'은 우리가 이민족을 대할 때 썼던 일종의 '오랑캐'와 같은 말이다. 신장이 건장하고 사납고 도덕이나 인격 따위는 없는 동물 근성의 야수이다. 상대방에 대한 경멸도 있지만, 그 두려움을 표현하는 말이 오랑캐이다. 정탐꾼들은 40일을 탐색하면서 오랑캐만 본 것이다. 그들에 비하니 자신들은 싸움 상대가 못 된다. 그래서 메뚜기로 비하시키고 만다(민 13:32-33). 그들은 왜 그것밖에 보지 못했을까.

상황이 아니라 시각의 문제

갈렙과 여호수아는 열 명과는 상반되는 해석을 내놓는다(민 14:8). 두 사람도 기름진 땅의 풍성한 실과는 물론, 하나님이 조상에게 주신 약속의 땅을 보았다. 그 땅을 400여 년이나 보전했다가 약속의 자손에게 주시는 하나님의 언약 성취를 보았다. 그 땅을 지배하는 자는 오랑캐가 아니라 하나님이시다. 오랑캐는 잠시 세(貰) 들어 있는 자에 불과했기에 '밥'으로 보았다.

동일한 상황에 한쪽은 스스로를 메뚜기로 비하시켰고, 한쪽은 "그들은 우리 밥"(민 14:9, 개역한글)이라 선포한다. 상황의 문제가 아니라 시각의 문제였다. '어디를' 보느냐보다, '누구를' 보느냐가 중요한 것이다. 열 명은 상황을 보고 원주민을 보았기에 부정적 보고를 했고, 갈렙과 여호수아는 하나님을 보고 그분의 약속을 믿었기에 긍정적인 주장으로 맞선다.

인생에 어려움이 있고 역경이 있다. 큰 산과 같은 고난도 있고 시내 같은 사소한 문제도 있다. 큰 산이라고 넘어지는 것도 아니고 사소한 문제라고 넘어가는 것도 아니다. 큰 산을 작은 시내로 여겨 온전함으로 나가는 사람이 있고, 작은 시내를 만났을 때 큰 강물이라 여겨 이탈하는 사람도 있다. 상황보다 시각의 차이이다. 사건을, 상황을, 현실을 누구의 눈으로 보느냐가 중요하다. 하나님의 눈으로 보면 산도 시내이고, 사람의 눈으로 보면 시내도 넘지 못할 강으로 보인다.

바벨론에서 70년을 포로 생활로 신음하다 귀국한 백성들에게 성벽 재건과 성전 건축은 큰 산처럼 불가능한 일이었다. 그러나 스가랴 선지자는 외쳤다.

> 큰 산아 네가 무엇이냐 네가 스룹바벨 앞에서 평지가 되리라 그가 머릿돌을 내놓을 때에 무리가 외치기를 은총, 은총이 그에게 있을지어다 하리라 슥 4:7

비록 큰 산이라도 하나님의 언약 안에서 얼마든지 넘을 수 있다는 스가랴의 믿음이 필요한 상황에, 백성들은 열 명의 말만 믿고 밤새도록 통곡하다 분을 이기지 못하여 여호수아와 갈렙을 돌로 쳐 죽이려 했다. 심리학자 스탠리 밀그램(Stanley Milgram)은 이런 경우를, "자신의 역할에 별다른 반감 없이 그저 그 역할을 묵묵히 해내는 보통 사람들이 몹시 파괴적인 과정에서는 하수인 노릇을 할 수 있다"(마이클 J. 모부신, 《판단의 버릇》, 사이, 2016)라고 지적한다.

심리학 용어 중에 '귀인 편향'이 있다. 타인의 신호나 행동을 자신의 감정 상태에 잘못 귀속하여 편향된 의견을 내놓는 것이다. 뇌가 일으키는 각종 편향은 종종 현실을 잘못 지각하게 만들고 잘못된 의사 결정을 하게 만든다. 그것은 군중 심리에 곧잘 이용당하게 한다. 희극배우 찰리 채플린(Charlie Chaplin)은 "개인은 천재이다. 그러나 군중은 머리 없는 괴수, 거대하고 야수 같은 바보가 되어 시키는 대로 행동한다"라고 대중의 어리석음을 꼬집는다.

지금 이스라엘 백성이 그렇게 어리석은 편에 서서 부화뇌동을 한다. 백성들은 하나님과 언약을 믿는 믿음보다는 자기의 관점과 감정을 따르고 있다. 인간은 8만 4천 개의 감정으로 구성되어 있다고 한다. 그렇게 섬세하다 보니 감정은 언제 변할지 모른다. 바람에 흔들리고 눈빛에도 흔들리는 것이 감정이다. 지나치게 감정을 믿으면 일을 그르치게 된다. 배우자가 죽은 지 12개월 안에는 아무 결정도 하지 말라는 말이 있다. 감정이 가장 약해지고 혼란스러워질 시기이다. 이럴 때 감정을 따라 결정했다가는 다시 상처를 받는다.

감정이 앞서다 보면

이스라엘은 미개척지를 향해 가는 것이 아니다. 가나안은 어제오늘 발견된 신대륙이 아니라 하나님이 400여 년 전에 조상 아브라함에게 약속하신 땅이다. 시조에게 약속하셨다면, 자손은 당연하게 그 땅을 요구하고 차지할 권리가 있다. 그럼에도 다수의 정탐꾼은 언약에 대한 믿음의 부족으로, 땅을 살피면서 하나님의 약속을 확증한 것이 아니라 오히려 패배주의적 감정으로 가득 찼고 그릇된 감정을 다른 사람들에게 전달했다.

이스라엘의 광야 방황은 큰 죄를 저지른 결과가 아니다. 단지 다수의 결정을 선택한 것 때문에 치명적인 결과를 만들었다. 그 다수는 하나님의 약속을 대신했다. 다수에는 정당성이라는 착시 현상이 있다. 대통령도 다수로 뽑힌다. 다수라는 민주주의 제도가 가장 합리적이라지만 언제나 옳다고는 할 수 없다. 다수결의 제도가 때로는 진리를 뭉개 버리기도 한다. 다수로 뭉친 정탐꾼의 보고는 사실 관계를 기본으로 했지만 하나님을 염두에 두지 않았고, 백성들은 다수라는 합리성을 믿었다. 열 명의 시각이, 판단이 더 정확하지 않겠느냐, 그래서 그 편을 택했다.

결과는 참혹했다. 60만 명이 형벌로 죽게 된 것이다. 이 사건은 모세에게도 평생을 따라다닌 짐이고 자책감이었다. 사람이 죽어 나갈 때마다 60만 장정의 죽음이 자신의 판단 실책의 결과라는 생각으로 잠을 이루지 못하는 날이 많았을 것이다.

'그때 열두 명을 제대로 선발했어야 했는데. 나 말고 좀 더 유능한 지도자를 만났으면 이런 결과가 아닐 텐데….'

모세는 백성들의 죽음 앞에서 40년을 그렇게 미안하고 부끄럽고 힘든 날을 보낸 외로운 지도자였다.

그래도 갈렙과 여호수아가 있어서 다행이었다. 두 사람은 오직 하나님만 바라보았다. 하나님만 바라본 사람은 '온전한 사람'이라고 하나님은 말씀하셨다(민 14:24). 온전히 좇았다는 말은 '전적으로 여호와의 뒤를 따라갔다'는 것이다.

다수만을 생각하는 사람들, 대중영합주의로 다수를 조종하는 지도자들로 인해 사회는 어지럼증으로 고통당하고 있다. '바른 길인가, 옳은 길인가'보다는 당장은 지지와 박수를 원하는 다수의 길, 빠른 길을 원하고 있다. 부정적인 사고의 다수 의견을 따르는 것보다는 긍정적인 사고의 소수 의견에 귀를 기울여야 하나님의 교회는 주어진 땅을 차지하는 일과 과업을 완수할 수 있다.

갈렙과 여호수아는 외로운 선택을 함으로 왕따를 당했지만, 진리이신 하나님만 바라보며 자기 길을 걸었다. 사람은 업적을 남긴 사람을 보지만 여호와께서는 자기 길을 바르게 걸어간 사람을 보신다. 우리 사회에는 미래를 바르게 보고 바르게 선택하는 정의롭고 창조적인 소수가 필요하다.

모세는 이 사건을 계기로 다수의 의견을 걸러 내고 조정하고 종합하고, 소수의 의견에도 귀를 기울였다. 사람들이 죽어 갈 때마다 죄를 보는 것이 아니라 성찰과 묵상하는 가운데 하나님의 그림을 보게 되었다. 하나님은 젊은이들을 대상으로 다른 그림을 그리고 계셨다. 그래서 하나님의 목표인 세대 교체를 천천히 이루어 나가신다.

Part

4

한 사람 모세

Chapter 25

세대 교체 | 광야는 하나님을 배우는 학교다

　이스라엘이 통과하려는 광야는 한 달이면 너끈히 갈 수 있는 거리이다. 그런데 40년이 걸렸다. 40년 거리를 40일 만에 가는 것도 기적이지만, 40년씩이나 걸렸다는 것도 이해 불가이다. 거북이라도 훨씬 이전에 도착하겠다. 이집트와 이스라엘 구간 거리는 446킬로미터이다. 소설가 토마스 만(Thomas Mann)은 이집트로 팔려 간 요셉의 이야기를 재구성하면서 요셉이 대상에 팔려 하이집트까지 가는 데 한 달, 거기에서 상이집트까지 내려가는 데 9일이 걸렸다고 쓴다.

　지금은 얼마나 걸릴까? 이집트와 가나안의 거리는 도보로는 한 달, 낙타는 2주간(낙타는 최대 시속 65킬로미터로, 평소에는 시속 40킬로미터를 유지하며 달릴 수 있다), 버스는 직통이 없어 몇 도시를 환승하면서 13시간 30분 정도 소요된다. 항공편은 카이로 국제공항에서 벤구리온 국제공항까지 5시간 7분이다. 백과사전 나무위키는 도보로 일주일이면 가는 거리라고 기술한다. 서울에서 부산까지 거리는 대략 380킬로미터 정도이다. 버스로는 4시간 15분 정도 걸린다. 이집트에서 이스라엘까지 450킬로미터 정도라면 부산보다 70킬로미터 정도 더 먼 거리이다. 그 먼 거리를 가는 데 40년이라니, 부산을 가는데 그것도 왕복이 아니라 편도에 40년이 걸렸다면 누가 믿을까.

광야 40년의 불가사의

신학교 초년생 시절에 이 불가사의 40년으로 고심했다. 남들은 40년의 광야를 후딱 넘어갔지만 나는 쉽게 통과하지 못했다. 가데스 바네아의 불순종이 원인이라는 사실은 믿었다. 이스라엘이 거역하고 불순종했기에 60만 명이 죽을 때까지 광야에서 소위 뺑뺑이를 돌리신 것이다.

그것이 사실이지만, 완벽한 해석도 아니다. 언제는 이스라엘이 하나님께 범죄하지 않았을까. 이스라엘의 역사는 부패하고 타락한 죄성의 역사이다. 하나님은 죄성을 다 아시면서 출애굽의 역사를 일으키셨다. 지금에 와서 죄에 진노해서 긴 세월을 헤매도록 하셨다는 것은 하나님의 속성의 한쪽만을 보고 있는 해석이다.

어느 날, 성령이 내 눈을 열어 광야 방황의 섭리를 깨닫는 은총을 입게 해 주셨다. 광야 40년은 하나님의 '심판'과 '교육'이 공존하던 세월이다. 이집트를 탈출할 때 20세 이상으로 대표되는 남자 성인들, 불신의 이집트 세대를 향해서는 진노하시고 멸절시키는 심판을 계속하셨다.

이집트 세대는 외양으로는 아브라함의 언약의 자손이요, 히브리 혈통이지만 속 깊이 이집트인이 되어 버렸다. 이방인의 문명과 문화에 젖어 종교, 사상, 복장, 음식, 언어, 생활방식 등 일상생활이 이집트화가 되었다. 히브리인의 공동체 고센이라는 게토가 아니었다면 이집트에 더 깊숙이 뿌리를 내려, 므낫세 반 지파가 절반은 요단강 동편 모압 땅에 남고 절반만이 요단강을 건너 가나안으로 갔던 것처럼 출애굽 때 부족 전체가 양분되는 상황이 벌어졌을 수도 있다.

이스라엘은 다행히도 므낫세 반 지파의 꼴은 되지 않았다. 하나님의 권능으로 일어나는 열 번의 재앙을 목도하면서, 특히 마지막 재앙에 얼마나 극심한 공포심을 가졌던지 감히 이집트에 머물 생각을 하지 못했다. 그래서 대부분은 약속의 땅에 대한 기대로 떠났지만, 엉겁결에 떠나온 이들도 꽤 되었을 것이다. 히브리인이 아니면서 따라 나온 잡족도 그런 부류이다. 그들은 롯의 아내처럼 눈에 보이는 소금 기둥이 되지 않았을 뿐 마음으로는 이집트를 떠나지 못하는, 불평하며 따라가던 보이지 않는 소금 기둥이었다. 그런 흐름은 시간이 지나면서 이스라엘 백성 전체를 잠식해 나갔다.

이집트를 떠나온 이래 기성세대가 보여 준 행동은 선민의 모습은 아니다. 원망, 불신, 거역, 믿음의 후퇴, 이집트에 대한 갈망으로 자꾸 이집트 쪽을 뒤돌아보면서 하나님의 은혜에서 멀어져 갔다. 덴마크의 철학자 쇠렌 키르케고르(Søren Kierkegaard)의 "삶을 이해할 때는 뒤를 돌아보며 이해해야 하지만 삶을 살 때는 앞을 보며 살아야 한다"라는 말은 이스라엘 백성에게는 해당되지 않았다.

히브리 선조는 그런 사람들이 아니다. 이집트 1세대 이주 세대에 해당되는 야곱 족장과 열두 아들의 혈통에는 하나님의 섭리에 맡기는 신앙이 있었다. 요셉과 그 형제들처럼 용서를 구하고 용서하는 믿음이 있었다. 야곱 족장은 죽음이 임박했을 때 총리 신분인 요셉에게 이집트에 장사하지 않기를, 가나안의 조상 묘지에 묻어 주기를 유언했다(창 49:29). 언약 신앙이다. 요셉도 언약 신앙의 믿음을 계승했다. 하나님의 약속이 성취되어 이집트를 떠날 때는 유골을 갖고 가서 조상의 땅에 장사 지내 주기를 신신당부했다(창 50:25). 1세대는 이렇게 언약 사상에 충실하면서 모세가 호렙에서 만났던 여호와 하나님을 일찍부터 믿고 살았다.

청산되어야 할 이집트 세대

이집트의 히브리인은 세대를 거듭하면서 언약 신앙이 점차 희미해졌다. 이집트를 떠날 즈음에는 언약 자체가 전설처럼 되어 버렸고 자녀들에게 신앙으로 계승해 주지 못했다. 결과는, 대부족으로 번성은 했지만 언약 승계의 믿음은 일어나지 않았다. 이집트 체류 기간에는 선지자도 랍비도 예언자도 기록상으로는 없다. 사람의 숫자만 늘어나면서 번성을 거듭했고 이집트 당국이 경계심을 품을 정도로 강성해졌을 뿐이다.

여호와 하나님은 이집트에서의 모든 세대를 보고 계셨다. 이집트의 문명에 잠식되어 버린 세대는 가나안에 하나님의 왕국을 세우기에는 역부족이다. 현지를 정탐한 지도자들은 대장부 아낙 자손 네피림 앞에서 공포에 떨었다. 이집트에서 사는 동안 야성은 약해졌다.

시조 아브라함은 하나님의 명령 한마디에 갈대아 우르를 떠나 가나안으로 이주한 개척정신의 선각자이다. 열두 지파의 정신적 뿌리가 되는 야곱도 엉겁결이기는 하지만 하나님과 겨룰 만큼 삶에 치열했던 조상이다. 하지만 이집트에서 사는 자손들은 개척자의 정신, 치열한 삶이 무디어져 버렸다. 어린아이처럼 투정이나 하고 창공을 날아가는 것을 두려워하는 새장 속의 새가 되었다. 이런 약해 빠진 정신으로는 가나안에 들어가 봐야 네피림의 밥이 되어 버릴 뿐이다.

하나님이 당신의 백성을 네피림의 밥으로 만들려고 인도해 가실까. 그것은 하나님의 본심이 아니기에 정탐꾼들의 보고와 이에 동조하는 기성세대에게서 눈을 돌려 버리셨다. 이집트 문명에 길들여진 사람들, 훈련과 교육으로는 환골탈태(換骨奪胎)가 안 될 기성세대를 청산하기로 하셨다. 가데스 바네아 사건만이 아니다. 홍해 앞에서 보여 준 우왕좌왕 불신의 모습만 봐도 가나 안에서 함께할 수 없는 세대였다. 그들의 고집과 아집은 죽어야만 해결될 문제였다.

이집트 기성세대의 청산 작업은 기브롯 핫다아와에서 고기가 없다고 원망하다가 메추라기를 입에 문 채 죽는 것(민 11:33-34)을 시작으로, 고라와 다단과 아비람의 거역 행위에 가담한 250명 수령과 1만 4,700명이 죽었고(민 16:49), 금송아지 우상 숭배로 3천 명가량이 죽었으며(출 32:28), 모압 여인들과의 음행에서 2만 4천 명, 이외에도 불뱀에 물려 죽은 자들까지 숱하게 많았다(민 25:1-9). 그들은 형벌로 죽고, 늙어서 죽기도 했지만 자기 죄로 죽은 사람들이다(민 27:3). 그러면서 40년 동안 장정 60만 명이 죽어 간 것이다.

이집트산 기성세대의 몰살은 20세 미만의 다음 세대에 대한 불신의 영향력을 차단하시려는 뜻도 있다. 부모 세대가 가나안에서 부족 어른이 되고 지도자로 남아 있는 한 그릇된 영향력은 계속 이어진다. 원주민과 혼합되면서 전통 문화, 우상 문화에 쉽게 빨려든다. 이를 아신 하나님은 갈렙과 여호수아를 제외한 성인들을 쓰러뜨리심으로 기성세대의 그릇된 영향력, 불신앙의 전수를 제거하신다. 그렇게 60만 장정들이 죽기를 기다리느라 40년이 걸린 것이다. 한 세대가 변하는 데는 40년이 걸린다는 문화 인류학자들의 주장과도 맥을 같이한다.

광야 미션스쿨의 교사들

여기에서 끝나 버리면 하나님의 은혜의 속성이 부각되지 않는다. 광야는 단순히 징벌과 심판의 장소만이 아니다. 40년은 새로운 세대를 키워 내는 생산의 세월이고 훈련과 교육의 기간이다. 하나님은 이집트의 영향권 밖에 있는 젊은 세대를 대상으로 자신을 계시하시며 교육시키셨다. 불 기둥과 구름 기둥을 통해 하나님의 현존(現存)과 인도를, 메추라기와 만나를 통해 맨땅에서도 하나님의 공급을, 반석에서의 생수를 통해 하나님의 능력과 역사를 체험하게 하셨다.

하나님은 직접 교사가 되셨고 선지자, 랍비가 되셔서 매일 '하나님을 보여 주는 교육'을 통해 광야의 세대를 키워 나가셨다. 광야는 다음 세대를 키워 내는 주일 교회학교요, 미션스쿨이다. 40년 학제의 대안학교 미션스쿨이었으니 한 세대가 체질 개선이 되지 않을 수가 없다.

광야 주일 교회학교의 교장이 하나님이셨다면 모세는 주임 교사에 해당된다. 그는 하나님을 보여 주며 본을 보이는 교사였다. 지팡이 하나로 무수한 이적을 보였다. 이적은 모두 하나님의 증표이다. 모세는 그렇게 40년간 매일 하나님을 보여 주는 훌륭한 주임 교사였다.

갈렙은 온전함을 보여 준 생활 부장이다. 정탐 보고 대회를 시작으로 여호수아와 함께 지도자로 급부상했다. 가나안에 입성할 보장도 받았다. 후계자 경쟁에서 탈락했을 때 하나님과 모세에 대한 실망, 여호수아에 대한 약간의 시기, 지지자들에 대한 면목 없음, 왕통으로 예언된 유다 지파가 가나안의 수장 자리를 놓쳤다는 허탈감이 잠시 비틀거리게 했겠지만 갈렙은 온전함을 잃지 않았다.

여호수아가 모세를 지근거리에서 부관으로 보좌하면서 맹활약을 할 때 조용히 2인자의 자리에서 다음 세대를 키우는 교육에 전념하지 않았을까, 하는 추측으로 가데스 바네아 이후에 공백이 되어 버린 갈렙의 생애를 채워 본다. 광야학교의 학생들은 그렇게 갈렙에게서 온전함을 보고 배웠기에 요단강 앞에서 온전함을, 여리고성을 돌면서 온전함을 유지할 수 있었다.

아론 대제사장은 광야 미션스쿨에서 예배를 담당한 이른바 교목이다. 모세와 여호수아, 갈렙에 비해 역할이 미미하게 보이는 것은 사실이다. 누이 미리암보다도 영향력이 약해 보인다. 하지만 아론은 이스라엘의 중심이고 핵(核)이다. 백성들의 관심과 마음을 하나님께로 향하게 하는 가장 중요한 임무를 수행한 사람이다.

아론은 종교 생활을 책임지고 가르친 신앙 지도자이며 예배를 훈련시킨 예배 부장이다. 하나님의 임명을 받은 예배 인도자로서 자신이 예배했고, 예배를 인도했고, 예배를 가르쳤다. 이스라엘이 실패할 때는 항상 예배의 실패가 있었다. 교회 주일학교의 시스템은 예배 중심으로 가야 한다. 장년도 마찬가지이다. 그 어느 것도 예배보다 우선할 수는 없다.

마지막으로, 여호수아는 하나님의 영으로 충만한 교사이다. 여호수아는 모세를 보좌하면서 회막을 떠나지 않았고(출 33:11) 하나님의 임재를 체험했다. 갈렙과 여호수아를 놓고 비교해 볼 때 용맹한 쪽은 갈렙이다. 사나운 원주민을 토벌하고 추방하는 데에는 갈렙과 같은 용장이 훨씬 효과적이다. 그럼에도 하나님은 여호수아를 수장으로 택하셨다. 이유는 간단하다. 여호수아는 하나님의 영을 계속 공급받는 성령 충만한 교사였다(민 27:18). 가나안은 용맹한 믿음의 지도자도 필요하지만, 성령으로 충만한 리더십이 필요한 영적 황무지였다.

이집트에서 나온 구세대는 불신앙으로 매일같이 죽어 나갔고 요단강 목전에서는 그 세대가 마침내 다 끊어졌다(민 32:13). 기성세대와는 달리 광야에서 태어난 신세대는 하나님의 인도와 보호하심 가운데 네 명의 교사의 지도를 받으며 우수한 학생들로 대나무처럼 쑥쑥 자라났다. 병든 손톱, 발톱이 새로 생긴 새 손톱, 발톱의 힘에 밀려 사라지고 건강한 손가락과 발가락이 되듯이 이스라엘의 세대 교체는 광야라는 영토에서 멋지게 성공한다.

낙제생이 우등생으로

광야학교에서 정해진 교육 기간이 끝나고 요단강에서 졸업

시험을 치렀는데 광야 세대, 가나안 세대는 절대 순종으로 법궤를 앞세우고 요단강을 건넜다(수 3:17). 여리고 정복도 납득이 가지 않는 명령이었지만 철저히 순종했다(수 6장).

40년 전에 홍해 앞에서 할아버지, 아버지 세대가 보여 준 불신앙에 비해 우월한 차이를 보인다. 광야학교에 입학할 때는 낙제생들이 광야학교를 졸업할 때는 우등생이 되었다. 그 광야의 40년은 믿음의 낙제생을 우등생으로 만드는 데 필요한 수련의 기간이었다. 하나님은 오랜 기다림과 손수 다듬으심을 통해 마침내 세대 교체를 이루어 내셨던 것이다.

하나님이 보고 싶어 하신 장면을 광야 세대는 아낌없이 보여 드렸다. 절대 순종의 그 모습을 보기 위해서 하나님은 40년을 이스라엘과 사셨고, 세대 교체는 대성공이었다. 누군가 높은 언덕에서 그 광경을 보았다면, 요단강 졸업식장에서 멋진 우등생들의 모습에 손뼉을 쳤거나 감동의 눈물을 흘렸으리라. 창조를 거듭하시면서 매번 보시기에 좋아하셨던 하나님의 기쁨이 새 세대에 있었다.

그런데 세대교체를 하는 과정에서 하나님이 보고 싶지 않은 일이 벌어지기도 했다. 뜻밖에도 그 일은 학생들이 아니라 광야 미션스쿨의 교감 및 주임 교사 격인 모세에게서 발견되었다. 모세가 제 성질을 이기지 못해서 귀한 성물을 깨버린 것이다. 물론 이전의 시나이산에서 있었던 일이다.

Chapter 26

돌판 | 깨어진 삶에 하나님이 새기시는 복

　십계명이 모습을 드러낸 지 3,500여 년, 십계명 돌판이 사라지고 오랜 세월이 흘렀지만, 십계명의 조문과 가르침은 지금도 건재하다. 고대 바빌로니아 함무라비(Hammurabi)왕 시절에 제정된 함무라비 법전(주전 1750년)보다는 조금 늦지만, 지금 함무라비 법전에 대해 아는 이는 전문 학자들 외에는 거의 없다. 함무라비 법전은 돌기둥에 새겨서 오고 가며 보게 했고, 십계명은 두 개의 돌판에 새겨졌으며 하나님이 두 차례에 걸쳐 모세에게 주셨다. 이 두 번째 돌판을 언약궤 안에 넣어서 이동이 편하게 했다.

　십계명은 유대 종교를 믿는 신자는 물론 전 세계 그리스도인이 2천 년 이상을 생활 지침으로 삼아 온 문서화된 성문법이다. 입으로만 전해져 오던 언약의 말씀이 이젠 글로 적힌 경전으로 자리를 잡은 것이다. 종교사를 보면 교리가 구두(口頭)로 전해지는 종교는 샤머니즘에 머물고, 글자로 문서화된 경전이 있는 종교는 세계화가 된다. 이런 면에서, 십계명은 이스라엘의 조상 종교를 여호와 하나님의 종교로 단번에 업그레이드한 계기가 된다.

십계명에 관해서는 모세도 재수생이다. 하나님이 돌판도, 돌판의 글도 친히 새겨 주셨다(출 32:15-16). 두 개의 돌판 중 하나에는 제1-4계명을, 다른 하나에는 제5-10계명이 새겨졌을 것이다.

모세는 십계명을 받아 들고 정말 감사했다. 그러잖아도 광야 지도자로서 지침이 없다. 구전은 있었지만, 선민의 생활 지침이 없다. 백만 명 이상이 행진하는 광야는 무질서 그 자체이다. 집도 토지도 마을도 조직도 없기에 백성들을 이끌고 조직을 운영하기 위해 상벌을 주거나 해야 하는데 지침서가 없는 것이다.

돌판은 깨어지고

하나님의 부르심으로 모세가 호렙산에 올랐을 때였다. 하나님은 돌판을 깎으시고 계명을 새기셨다. 모세는 40일 기도가 끝날 때 돌판을 받고 하산하다 금송아지 우상 숭배를 목도한다. 얼마나 화가 나는지 생각할 겨를도 없이 금송아지를 향해 돌판을 던졌는데 금송아지도 깨지고 그 바람에 돌판도 깨졌다. 당회를 하다 성경을 집어 던지는 격이다. 모세의 손에서 돌판은 사라졌고 빈손이 되었다. 하나님은 모세를 야단치시기보다 재작업을 명하셨다.

너는 돌판 둘을 처음 것과 같이 다듬어 만들라 네가 깨뜨린 처음 판에 있던 말을 내가 그 판에 쓰리니 출 34:1

두 번째 돌판은 처음 것과는 다르다. 이번에는 모세에게 돌판을 직접 준비하라 하셨다. 준비된 돌판에 글씨만 새겨 주겠다고 하신다. 모세는 첫 돌판을 간수하지 못했다. 이는 남의 탓이다. 백성들이 해서는 안 될 우상 숭배 행동을 한 것이다. 그럼에도 돌판을 깬 것은 백성들이 아니다. 아론도 아니다. 모세 자신이 돌판을 던져 깨 버린 것이다. 혈기 때문이다. 그러니 잘못은 상대방이 했지만, 결과에 대한 책임은 모세가 감당해야 했다. 그래서 두 번째 십계명 돌판을 받기 위해서 엄청나게 고생을 한 것이다.

하나님이 십계명 돌판을 다시 주시는데 첫 번째 돌판 제작 때와는 다르다. 처음 돌판은 전체 과정을 하나님이 주도하셨다. 모세는 기도하면서 기다리고 있으면 되었다. 두 번째 돌판은 모세가 준비해야 했다. 그것도 산 아래에서 준비하고 산꼭대기까지 이고 가야 했다. 시나이산 정상이 한라산의 1,950미터보다 높다. 지금도 산 정상까지 올라가려면 새벽에 낙타를 타고 가서 중턱 지점에서 3,750개의 계단을 걸어 올라가야 하는 고된 산행이다. 그러니 두 돌판을 들고 이고 올라간다는 것은 얼마나 힘든 과정일까.

믿음은 체력 관리와 비슷하다. 살을 뺄 때는 힘들었는데 찌는 것은 순간이다. 믿음을 키우는 것은 힘이 드는데 까먹는 일은 단기간이다. 그러니 첫 사명을 잘 붙들어야 한다. 한 번 실패하고 시험에 들면 회복이 쉽지 않다. 내가 참아야 한다. 욱할 상황이 벌어지더라도 하나님께 맡겨야 한다. 혈기를 절제하지 못하면 내 믿음과 내 기쁨의 돌판도 깨져 버린다.

하나님은 처음 것과 '같게' 돌판을 만들라 하셨다. 처음 것보다 커도 안 되고 작아도 안 된다. 두꺼워도 얇아도, 무거워도 가벼워도 안 된다. 모세는 석공 기술자, 돌쟁이가 아니기에 돌을 다듬을 줄을 모른다. 그런데도 하나님은 돌판을 깨뜨린 당사자가 직접 만들고 꼭 같이 다듬어 만들고 밤사이에 만들어 아침에 산 꼭대기에서 보이라 명하신다(출 34:2).

모세는 밤을 새우며 돌판을 깎았을 것이다. 고된 작업에 백성들을 탓하기보다는 자신의 불같은 성격을 탓했을 것이다. 백성들이 분노의 원인을 제공했지만 그에 대응하는 자신의 방식도 문제였다. 그래서 밤새도록 자신의 혈기를 자책하고 회개하면서 돌을 다듬고 또 다듬어 냈다.

'부득이'로 깨어지는 돌판들

코로나19 팬데믹 기간에 가장 많이 사용된 단어가 "부득이하여"(삼상 13:12)가 아니었을까. 사울이 자신의 조급함을 숨기느라 한 말이다. 선지자가 늦게 와서 부득이 내가 번제를 드리게 되었다고 핑계를 댄다. 코로나19 쓰나미에 얼마나 많이, "부득이하여"라는 말로 예배의 돌판을 깨고 주일성수 돌판을 깨 버렸을까. 그 후유증이 아직도 계속되면서 주일성수의 기준이 무너졌다.

하나님은 모세의 사정을 인정해 주지 않으셨다. 하나님의 손으로 기록된 돌판을 깨뜨린 것은, 모세가 산 위에서 40일 동안 하나님과 교제하며 받은 귀한 언약을 스스로 짓밟은 것과 같았다. 하나님의 작품을 깼다는 것은 이유 불문하고 잘못이다. 만회하는 길은 밤새도록 고생의 대가를 치러 돌판을 만드는 것이었다. 대충 아무 돌이나 들고 올라갔다면 아무 계명도 담아내지 못했을 것이다.

'왕년에'는 우리의 단어가 아니다. 하나님의 단어도 아니다. 하나님은 어제나 오늘이나 영원토록 동일하신 분이다(히 13:8). '왕년에'라는 말, '부득이하여'는 사탄의 단어이다. 그러기에 무너진 예배를 회복하기 위해 깨어진 예배의 돌, 깨어진 기도의 돌, 깨어진 주일성수의 돌을 다시 깎아야 한다. 깨어진 교회 생활의 돌도 내 손으로 깎아야 한다. 돌이 없으면 써 주실 내용도 없다. 내 손에 무엇이 있는가, 내 돌판은 어떤가, 깨어진 돌은 아닌가, 살펴보고 따져 보아야 한다.

모세는 밤새 깎고 만든 돌판을 이고 메고 낑낑거리며 산꼭대기로 올라간다. 가파른 산도 아닌 한라산을 오를 때 배낭 하나도 힘들었는데, 80세를 넘긴 사람이 무거운 돌판을 메고 산을 오르면서 그 성질머리를 죽이지 못한 자신을 얼마나 자책했을까. 여호와 하나님을 대면하기도 죄송했다. 하나님의 성물을 그리

대하다니, 백성들 보기에도 민망하다.

두 번째 돌판을 얻는 재수의 과정과 재수 생활의 작업은 너무 힘들었다. 40일 주야를 먹지 않고 물도 마시지 않으면서 침묵으로 일관했다(출 34:28). 가나안 행진도 지연되었다. 믿음을 제대로 관리하지 못하면 이렇게 헛걸음질을 한다.

그러나 하나님께 순종한다면 때로는 실패도 힘이 되고, 영성을 성장시키기도 한다. 모세는 금식 기도를 통해서 혈기를 빼낸다. 그래서 훗날 온유함이 지면의 모든 사람보다 최고가 되었다. 물론 광야 생활 끝자락에 다시 일어난 혈기로 가나안 입성이 거절당하기는 했다. 그래도 온유함으로 존경을 받았다. 두 번째 돌판 영성이 만들어 낸 축복이다.

모세는 돌판을 깎음으로 돌판을 더 소중하게 여긴다. 내가 찾아내고 깎아 낸 돌판이라 애착이 더 간다. 다음에는 절대 던지지 않았다. 재작업을 하느라 혼나기도 했지만 아까워서 그렇다. 교회 사명이 그렇다. 누구 때문에, 무엇 때문에 화가 났다고 사명이나 열심을 깨 버리면 안 된다. 교회도 내 손때가 묻어야 한다. 내가 사다 놓고, 내가 청소하고, 내가 헌금하고 헌물해야 한다. 그래야 애착을 갖게 된다. 대형 교회는 장점이 많음에도 이런 아름다운 흔적을 쉽게 볼 수 없게 되었다. 영상 예배가 이런 아름다운 정신을 실종시키고 있다.

'씨앗 건축헌금'으로 교회 사랑을

우리 교회에는 '씨앗 건축헌금'이라는 특이한 헌금이 있다. 처음 이 헌금 명칭을 들으면 예배당을 건축하려나, 생각하겠지만 예배당 관리 헌금이다. 예배당이 낙후되어 뜯어고치고 수리하다 보니 틈새가 벌어지고 물이 샌다. 비가 많이 오는 날에는 곳곳에 양동이를 갖다 놓고 예배한다. 내겐 익숙한 일상이다. 교회 재정이 없어서 그러면 서글픈데 인도와 일본에 선교사님 두 가정을 보내고 50군데 선교지를 도우면서 비가 새는 것은 부끄러워할 일이 아니었다.

이처럼 씨앗 건축헌금은 예배당 곳곳을 수리하고 관리하는 헌금이다. 남유다 왕국의 제16대 왕 요시야 때에 성전을 수리하고 보수하는 이런 헌금이 있었다(왕하 22:3-7). 씨앗 건축헌금은 예배당에 내 손때가 묻어야 내 집, 내 교회가 된다는 마음가짐을 가진 신자가 되길 바라는 목적 헌금이다.

예배당을 리모델링할 때 어느 장로님이 헌금을 많이 해 주셨다. 이사를 하다 보니 교회 건축에 참여할 기회가 없었고, 믿음 생활을 하면서 건축헌금을 한 번은 제대로 해 봐야 하지 않을까, 생각하던 차에 마침 기회가 생겨 헌금한다고 하셨다. 누구는 건축만 하면 달아난다는데, 참으로 소중하고 아름다운 마음이다.

이것이 바로 내 돌판을 내가 깎아 내는 일이다. 하나님은 내가 수고하고 깎아 놓은 돌판에 복을 새겨 주신다. 모세, 베드로, 바울 등의 인물은 실패하면서도 스스로를 갈고닦을 때 하나님이 깨어졌던 생애에 아름다운 글을 써 주셨다. '깨어진 반석' 베드로의 배신했던 마음에 베드로전후서의 글을 쓰셨고, 선교 여행에서 힘들다고 도중하차한 깨어진 마가의 돌판에 마가복음을 쓰셨다. 예수 그리스도를 대적했던 바울의 완악하고도 연약했던 돌판에 13권의 글을 쓰셨다. 자신을 깎는 수고와 노력으로 돌판을 만들었을 때 업적이 새겨졌다.

코로나19라는 쓰나미의 광풍에서 한국 교회는 나름대로 잘 버텨 냈지만 깨어진 부분도 상당하다. 누구는 예배가 깨어졌고 누구는 삶이 깨어졌다. 누구는 평생토록 지켜 왔던 주일성수가 무너졌고 좋은 일에 분노했음에도 욱하는 마음에 인격에 크게 내상을 입었다.

다시 돌판을 준비하면 된다. 깨어진 돌판에는 아무 글도 쓸 수 없고 하나님의 축복이 새겨질 수 없다. 남들이 만든 돌판으로 예배해서는 안 된다. 힘들고 어려워도 내 돌판은 내가 준비해야 한다. 그래야 하나님이 복된 내용을 써 주신다. 그런데 우리는 깨어진 돌판을 들고 누구만을 탓하면서 거기에 새겨 주실 복을 기대하고 있으니 이 일을 어찌하면 좋을까. 코로나19 쓰나미에 깨어져 버린 돌판을 보며 사탄이 좋아서 저렇게 웃고 있는데 말이다.

그런데 세월이 흘러 광야 여정의 마지막 레이스에서 모세에게 다시 일이 터졌다. 모세가 어쩌다 그렇게 황당한 분노를 터트리고 말았을까.

Chapter 27

분노 | 조금만 더 참았더라면

모세는 성정(性情)이 좋은 사람이다. 그런데도 120년 생애에 욱하는 감정 표현으로 삶이 꼬이는 경험들을 했다. 왕자 신분에서 동족이 능멸당하는 것을 보고 욱! 하는 감정에 살인했고, 시나이산에서는 의분이지만 금송아지 우상 숭배에 욱! 하는 마음에 돌판을 집어 던졌다. 그 결과, 다시 돌판을 받으려고 고생고생을 했다. 치명적인 욱! 하는 성질은 므리바에서 반복된다. 그 분노가 그의 가나안 입성을 막는 원인이 된다. 참으로 불행한 일이다.

목회자는 갑이면서 을

광야 행진도 막바지에 이르렀다. 사실 이스라엘 백성은 40년 동안 광야를 행진했지만, 전 과정을 기록하는 데는 한계가 있다. 예수님의 인격과 행적, 교훈을 기록한 요한복음이 "예수께서 행하신 일이 이 외에도 많으니 만일 낱낱이 기록된다면 이 세상이라도 이 기록된 책을 두기에 부족할 줄 아노라"(요 21:25)라고 했던 것처럼, 이스라엘의 광야 40년을 다 기록하려면 수십 권도 모자랄 것이다.

광야 여정은 이집트를 떠나고 석 달 후, 시내 산에서의 언약 체결과 율법 수여를 기점으로 정점(頂點)을 찍는다. 나머지는 일상적인 광야 행진이기에 기록이 생략된다. 그래서 출애굽기-신명기의 내용은 1-2년 동안 일어난 사건의 기록들이다.

이스라엘은 신 광야 가데스에 장막을 친다. 팔레스타인 남쪽 변방에 위치한 가데스는 사막의 오아시스 지역으로 좋은 시내들이 있다. 긴 방랑 끝에 다시금 므리바 원점으로 돌아오면서 생수로 목을 축이며 시원한 야외 목욕까지도 기대했는데 가뭄으로 시내는 말라 버렸다. 모두 낙심했고 화가 치밀어 올랐다. 분노를 터트릴 대상이 필요했고 그 대상이 모세이다. 모세는 백성들에게 늘 갑(甲)인 것 같은데 사실은 을(乙)로서 당하는 입장이었다.

한국 교회에서도 목회자는 영원한 갑이면서 영원한 을이다. 세상이 보기에는, 성도의 눈에 비치는 담임목사는 모든 권한을 가진 교회 권력자로 보인다. 큰 교회일수록 권력도 커 보인다. 목사가 교회 일을 마음대로 하는 것처럼 보인다. 독재도 이런 독재가 없다. 그래서 비난의 대상이 되고 세상 좋은 직업(?)이 목사라는 말도 한다.

이런 갑질은 겉으로 드러난 현상일 뿐이다. 목회자는 모든 성도에게 을이다. 교인들이 설교가 이렇다 저렇다, 사모가 왜 이 모양 저 모양이냐 해도 들은 척 못 들은 척 살아야 한다. 습관처럼 "저, 교회 옮기겠어요. 목회 방침이 마음에 안 들어요!" 함부로 말하는 갑질 교인이 있어도 "그렇게 하세요" 쉽게 말할 수 없고 참아야 하는 것이 목회자이다. 밖으로 표현하지 못하기에 속으로 화가 끓는다. 화가 표출되는 대상은 가족이다. 사모들은 우울증을 앓고 자녀들은 믿음이 식고 아버지가 은퇴하면 교회만 아니라 믿음에서도 은퇴해 버린다. 목회자가 분노를 제대로 다스리지 못해서 나타나는 결과물인 경우가 대부분이다.

하나님이 예비해 놓으신 오아시스를 기대하고 르비딤에 도착한 이스라엘 사람들은 와디가 되어 버린 마른 골짜기를 보며 낙심했다. 와디는 우기에는 물이 흐르다가 가물면 메마른 땅이 되어 버리는 골짜기이다. 물을 얻지 못해 화가 난 백성들은 화풀이라도 하는 심정으로 물을 달라 거칠게 항의한다. 반란을 일으킬 태세이다. 마라에서도, 르비딤(출 17:1-7)에서도 식수 문제로 소란을 떨었던 백성들이다. 하지만 지금은 지난번보다 사태가 훨씬 심각하다.

너희가 어찌하여 우리를 애굽에서 나오게 하여 이 나쁜 곳으로 인도하였느냐 이곳에는 파종할 곳이 없고 무화과도 없고 포도

도 없고 석류도 없고 마실 물도 없도다 민 20:5

"없고"라는 말을 무려 다섯 번이나 반복한다. "이젠 희망도 없고, 인내할 힘도 없고, 아무것도 없다." 상당히 막가파 언사이다. 모세와 아론은 백성들의 거친 언행에 일시적으로 자리를 떠난다. 설득할 방법이 없기에 하나님 앞에 엎드려 해결의 방법을 구했더니 응답이 내려온다. 지팡이를 가지고 반석을 향해 물을 내라 명하면 물이 쏟아져 나온다는 것이다.

의외로 간단한 해결책인데 여기에서 일이 터졌다. 모세가 반석을 지팡이로 내리치면서 "이 패역한 놈들, 어디 물 맛 좀 봐라!" 하며 엄청 화를 낸 것이다. 반석을 두 번이나 두들기면서 분노를 터트렸다. 지팡이를 가지고 물을 내라고 명하면 되는데 얼마나 화가 났으면 두 번 쾅! 쾅! 내리치며 성질을 터트렸을까. "패역한 너희여"는 좋게 말하면 "너희, 반역자들아"이지만 그 정도가 아니다. 모세는 화가 머리끝까지 차올라 욕설을 퍼붓고 만 것이다.

모세가 화를 내며 지팡이를 내리치자 반석에서 물이 나왔다. 백성들과 짐승까지 다 먹을 만큼 쏟아져 나왔다. 폭포처럼 쏟아지는 물살에 백성들은 환호하고 있지만 모세와 아론은 귀를 의심할 정도의 책망을 듣는다.

너희가 나를 믿지 아니하고 이스라엘 자손의 목전에서 내 거룩함을 나타내지 아니한 고로 너희는 이 회중을 내가 그들에게 준 땅으로 인도하여 들이지 못하리라 하시니라 민 20:12

백성들 앞에서 하나님의 거룩성을 드러내지 못했다는 것이다. 하나님께는 순종했고 백성들에게는 좋은 일을 했는데도 왜 책망을 들었을까? 모세가 극도의 혈기 섞인 분노를 터뜨렸기 때문이다. 시편 기자는 백성들이 감정을 돋우는 바람에 매우 격앙되어 망령된 말을 했다고 전한다(시 106:32-33). 감정이 폭발한 모세가 하나님이든 아론이든 '우리'로 묶으면서 거룩하신 여호와의 성호를 들먹이면서 화를 냈고, 하나님과 동등한 자격을 지닌 자기가 백성들에게 물을 줄 수도, 심판할 수도 있는 자인 양 행세한 것은 의분을 넘어 일종의 '망령된' 행위였다. 모세도 그동안 참고 참았던 분노가 터져 나왔던 것이다.

조금만 더 참지

분노의 결과는 너무 뼈아팠다. 하나님의 거룩함을 훼손한 모세는 가나안에 들어갈 수 없다는 선고를 받았다. 아차 싶었지만 늦었다. 아직도 쓴 뿌리처럼 남아 있는 혈기와 성급함이 모세의 운명에 어둠을 불러들인 것이다.

고려대학교 의대 나흥식 명예교수는 "화가 치밀어 올랐다가도 10-20초만 참으면 호르몬이 줄어서 화가 나지 않을 수 있다.

'참을 인(忍) 자 세 번이면 살인도 피한다'는 속담이 이런 현상을 경험한 데서 나온 말일 게다. 심호흡 세 번이면 호르몬 생리로 분노 조절 장애를 극복할 수 있다"라고 말한다.

모세는 왜 이리 성급했을까? 온유함이 지면에서 최고라는 인정을 받은 사람이다. 백성들의 불평과 원망이 이번이 처음도 아니다. 백성들의 갑질에 지난번의 르비딤에서처럼 그러려니 넘어갈 수도 있었는데, 지금까지도 잘 넘어갔는데, 어째 여기에서는 이런 패착을 두고 말았을까? 모세는 하나님의 마음을 제대로 읽지 못했다. 내가 화가 나면 하나님도 화가 나시는 줄로 착각했다. 그래서 모세는 하나님의 입장에서 화를 표출하는 착각에 빠져 강도 높게, 자기가 할 수 있는 최고의 욕설로 백성들을 책망한 것이다.

백성들에 대한 극도의 실망감이 극도의 분노를 일으켰다. 그들은 이집트 세대가 아니다. 모세가 40년 동안 직접 가르치고 양육하고 훈련한 광야 세대이다. 이집트에서 성장한 앞선 세대였다면 그러려니 하겠지만 심혈을 기울인 광야 세대의 백성들이다. 그런 백성들도 이런 문제에서만큼은 앞선 세대와 조금도 달라진 점이 없다. 부모 세대처럼 그들 역시 해도 해도 너무했다. 모세에게 받을 빚이 있는 사람들처럼 문제만 생기면 모세의 탓으로 전가하며 불평한다.

"우리 형제들이 여호와 앞에서 죽을 때에 우리도 죽었더라면 좋을 뻔하였도다"(민 20:3)라고, 모세의 심기를 크게 건드리는 말까지 한다. 40년 전 가데스 바네아에서 일어났던 그 불행한 사건을 꺼낸 것이다. 결코 꺼내서는 안 되는 불행한 사건이다. 그 일로 할아버지, 아버지 세대 60만 명이 죽었는데, 묵계처럼 되어 있는 그 사건을 들추어내면서 차라리 그들처럼 죽었으면 목마르지 않았을 것이라 우겨 대니 온유함이 큰 모세도 뚜껑이 열리지 않을 수가 없었다.

미리암의 죽음도 모세의 패착에 일조한다. 누님은 어머니 같은 존재요, 인생 멘토요, 동역자이다. 소소한 갈등이 없었던 것은 아니지만 형보다 더 많이 의지했던 혈육이다. 그 미리암이 가데스에서 죽었다(민 20:1). 모세가 120세 정도이고 미리암은 130세 정도가 될 것으로 짐작해 볼 때 오래는 살아서 크게 애석할 정도는 아니다. 그래도 누이를 잃은 상실감이 컸다. 이런 상태에서 백성들이 하는 행동을 보니 화가 치밀어 올랐고 분노를 발산해 버렸다.

그만큼 모세도 지칠 만큼 지쳐 있다. 누구도 모세를 이해하고 안아 주기보다는 맨날 뭐를 내놓으라, 이것 달라 저것 달라, 일만 생기면 모세 탓만을 해 대니 그런 40년 세월을 견디어 내기가 쉽지 않았을 것이다. 그리고 가나안 입성이 눈앞에 보인다. 목표가 눈앞에 있으면 선수들은 자칫 해이해지는 때도 있다. 그래서 어이없는 실수를 저지른다. 모세가 지금 그런 경우이다.

몇 초가 운명을 가르다

모세는 하나님의 선포에 당황했다. 40년 전에 자신도 가나안 입성 불가라는 판정을 받았다. 그래도 백성들을 관리하면서 잘 인도해 내었으니 자비와 긍휼로 용서받을 수도 있지 않을까, 문득문득 기대를 해 보았을 것이다. 60만의 장정 중에 자신은 포함되지 않을 수도 있다고 해석해 보기도 했다. 그러면서 버티어 왔는데 욱하는 감정을 억제하지 못해 분노를 터트리고 신세대 백성들 앞에서 가나안 입성 불가라는 선고를 듣게 된 것이다.

이런 경우와 반대도 있다. 이스라엘 왕 요아스가 엘리야 선지자의 병문안을 갔을 때 선지자는 아람을 대적하는 자세로 화살로 땅을 치라 명한다. 왕은 세 번을 쳤다. 선지자는 노하여 왕이 대여섯 번을 내리쳤으면 아람을 진멸할 수 있었을 텐데 세 번만 쳤으니 세 번밖에 이기지 못한다고 책망했다(왕하 13:19).

누구는 지나쳐서 화를 당했고 누구는 모자라서 기회를 잃었다. 분노와 혈기는 모두 나쁜 것은 아니다. 정당한 분노는 나를 성장시키고 성숙시켜 나간다. 독재, 거짓, 전쟁과 테러, 사회의 부조리에 대한 분노가 없다면 세상은 지옥이 될 것이다. 그러기에 건전한 의분은 우리 사회에 건강성을 가져온다. 금송아지 우상 숭배에 대한 모세의 분노, 성전을 장사 소굴로 만들어 버린 것에 대한 예수님의 분노, 근대사에서는 부패와 타락으로 점철되었던 로마 교황청에 대항해서 일어난 마르틴 루터(Martin Luther)

의 분노가 없었다면 세상은 어찌 되고 성전과 교회는 어찌 되었을까. 분노, 의분이 있었기에 세상이 그만큼 공의롭고 거룩해진 것이다.

심리치료사 비벌리 엔젤(Beverly Engel)은 《화의 심리학》(용오름, 2007)에서 "화(火)에도 건강하고 건설적인 화가 있고, 병적이고 파괴적인 화가 있다"며, "어떤 사람은 화를 지혜롭게 다뤄 인생을 술술 풀어 가는 반면, 어떤 사람은 화를 어리석게 다뤄 자신과 주변에 상처를 남기고 자신도 화를 입는다"라고 진단한다. 베트남 출신 승려로 노벨평화상 후보자인 틱낫한(Thich Nhat Hanh)은 "화를 울고 있는 아기라 생각하고 보듬고 달래라"고 충고한다. "화가 났을 때는 남을 탓하거나 스스로 자책하기보다는 자신의 마음을 다스리는 것이 시급하다"는 것이다.

모세는 평소에는 분노를 잘 다스렸지만, 인생 마지막 레이스에서 화를 참지 못했다. 해도 해도 너무한 사람들에게 너무 화가 난 나머지 하나님까지 아우르는 분노를 터트리고 말았다. 몇 초 사이에 일어난 일이다. 그 몇 초가 위대한 지도자의 운명을 가른다. 아뿔싸! 모세도 청산의 대상이었다! 불만을 습관처럼 드러내는 이들도 마지막 청산 대상이었다. 하나님의 청산 작업은 해당자들에게는 잔인하기만 하다. 쓰레기를 청산하기 위해 불뱀이 기어 오고 있다.

Chapter 28

불뱀 | 보라! 십자가에 달리신 예수를

대제사장 아론을 잃은 슬픔을 뒤로하고 가나안으로 향했다. 광야도 막바지에 이른 것이다. 네게브에 거주하는 가나안 사람 아랏 왕이 이스라엘이 아다림 길로 온다는 정보를 알고 선제 공격을 했다(민 21:1-3). '아다림 길'은 '정탐의 길'로 정탐꾼들이 가나안을 탐지하려고 가데스-남방(네게브)-헤브론으로 올라갔던(민 13:17, 21-22), 40년 전의 그 길이다. 끔찍한 방황과 60만 명의 죽음을 불러온 원점으로 돌아왔을 때 모세도, 백성들도 긴장이 되고 심란하기도 했다.

이 하찮은 음식

이스라엘은 아랏 왕과 성읍을 멸하고 진군을 계속하다 복병을 만난다. 에돔 왕의 방해로 평탄한 '왕의 대로'(King's Highway)

가 있는 에돔 동쪽으로 진입하지 못하고, 홍해의 길 아카바만 광야로 나가기 위해 바란 광야로 우회했다. 에돔 동쪽 지역의 광야 길을 통하여 다시 에돔 북쪽의 모압 지역으로 올라간 것이다. 가나안을 눈앞에 두고 구름 기둥과 불 기둥이 광야로 우회하자 더는 참지 못하고 불평을 터트리고 말았다. 또 한 번 고질적인 성질이 나온다.

> 백성이 하나님과 모세를 향하여 원망하되 어찌하여 우리를 애굽에서 인도해 내어 이 광야에서 죽게 하는가 이곳에는 먹을 것도 없고 물도 없도다 우리 마음이 이 하찮은 음식을 싫어하노라 하매 민 21:5

백성들의 심정을 이해하지 못할 바는 아니다. 40년을 광야에서 견뎌 낼 사람은 없다. 그렇지만 어떤 민족보다도 거대한 이적과 일용할 양식을 공급받으며 살아왔으니 이젠 철들 만도 한데 걸핏하면 원망과 불평을 쏟아 놓는 습성은 여전히 버리지 못하고 있다.

세계적인 미래학자 다니엘 핑크(Daniel H. Pink)는 《후회의 재발견》(한국경제신문, 2022)에서 "후회는 건강하고 보편적이며 인간의 필수적인 부분이다. 후회는 가르침을 준다"라고 했다. 그러나 백성들은 고집과 아집에 사로잡힌 나머지 후회했던 상황에서 어떤 교훈도 받지 못한다. 역시 미래학자인 앨빈 토플러(Alvin

Toffler)도 "21세기 문맹자는 읽거나 쓰지 못하는 이들이 아니다. 옳은 것을 익히지 못하고 자신의 잘못을 깨닫지 못하는 이들이 다"라고 말한다.

지금도 이스라엘은 실패했던 날에서 교훈을 터득하지 못하고 입에 달고 살았던 상투적인 언어를 쏟아 놓는다. "어찌하여", "죽게 하는가", "없고", "없도다." 그동안 먹이시고 입히시고 살려 주신 은혜가 얼마인데 맨날 죽게만 하셨다는 것이다. 하나님의 은혜가 풍성하게 공급되어 온 광야를 "이 나쁜 곳"(민 20:5)이라 깎아내린다. 최고의 영양가 음식 만나로, 때때로 메추라기로, 생수로 먹여 살리셨지만 그 기적을 '하찮은 것'으로 치부해 버린다. 만나를 하찮은 것으로 여긴 것은 만나를 주신 하나님을 무심결에 하찮은 존재로 홀대하고 이집트 탈출 자체를 하찮게 여긴 것과 같다.

만나는 부드럽고 다양한 음식을 만들어 먹을 수 있는 광야의 최고의 음식이자 음식 재료이다. 그럼에도 이젠 밋밋하여 그 맛이 그 맛이라고 하찮은 것으로 치부해 버린다. 이를 두고, 주석가 바움가르텐(Baumgarten)은 이렇게 해석한다.

이것은 정결하고 순수한 음식물의 은근한 맛을 계속 즐기지 못하고, 자신의 내적 탐욕으로부터 생겨나는 바 톡 쏘고 시큼한 맛이 뒤섞인 자극적인 음식물을 갈구하는 인간의 타락한 본성에 기인한다.

하나님이 어떻게 하찮은 분이실까. 홍해를 가르시고, 반석에서 물을 내시고, 밤에는 불 기둥으로 찜질방을 만들어 주셔서 노곤한 몸을 녹이고 풀어 주시고, 낮에는 구름 기둥으로 안내자 삼아 걷게 하시고 뜨거운 햇볕을 가려 주신 하나님이 어떻게 하찮은 분이 되실 수 있을까. 이집트에 남아 있었다면 종살이 처지에 온갖 멸시와 조롱을 당하며 살고 있을 것이다. 종살이 신분을 자식들에게 대물림하는 나쁜 부모 세대가 되는 것이다. 430년 타국에서 당하던 고난의 멍에를 벗겨 주시고 자유인이 되게 하신 구원의 역사가 어떻게 하찮은 것이 되고 말았을까.

장대에 달린 놋뱀

이스라엘은 너무 힘들고, 지름길을 놔두고 돌아가는 상황에 마음이 상하다 보니 눈이 뒤집히고 만다. 눈이 뒤집히니 하나님이 안 보이거나 광야로 데려다가 죽을 고생이나 시키는 무정한 신으로 보인다. 삐딱선을 탄 것이다. 그들의 말대로 '죽어야 할 자들'이 되고 말았다. 그래서 그 '죽어야 할 자들'을 치우는 불뱀이 등장한다.

여호와께서는 백성들이 불평하면 괘씸하다 여기면서도 들어주셨다. 물이 없다면 물을 주시고, 물이 쓰다고 하면 단물로 바꾸시고, 먹을 것이 없다면 만나를 주시고, 고기 가마가 그립다면 식용 메추라기도 주면서 달래 주셨다. 화가 났다가도 모세가 한 번만 봐 달라 기도하면 노를 푸셨다.

이번은 다르다. 하나님이 얼마나 화가 나셨던지 불뱀을 백성들 중에 보내어 물게 하시는(민 21:6) 초강력 수단을 사용하셨다. 메뚜기 떼처럼 불뱀 떼가 나타났다. 이사야 선지자는 "날아다니는 불뱀"(사 30:6)을 말한다. 살모사의 눈알로 땅바닥을 기어 떼로 몰려오고 공중으로 날아오르기도 하는 사나운 뱀들은 상상만 해도 끔찍하다.

불뱀. 광야 지역, 특히 아라바 지역에 서식하던 독사로 등에 불타는 듯한 붉은 반점이 있는 맹독성 뱀이다. 물리면 강력한 독성으로 즉시 온몸에 높은 열이 생기며 급성으로 죽어 가기에 붙은 명칭이다. 원어에는 "불뱀" 앞에 정관사가 붙어 있다. 잘 알려진 종류의 뱀이며 특별히 하나님이 보내신 징계의 도구였음을 강조한다. 한두 마리가 아니라 무수한 불뱀들의 공격에서, 의도적으로 습격한 맹독류임을 알게 된 백성들은 충격과 공포에 황급히 허물을 인정한다. 불뱀을 유도한 것은 그들의 원망과 불평이다.

이스라엘 백성은 불뱀에 물려 죽게 되자 염치 불고하고 모세에게 도움의 손길을 내민다. 불뱀에 물려 눈앞에서 죽어 나가는데 염치고 뭐고 따질 게 없다. 몰염치해도 일단은 살아야 한다. 그들 대부분은 광야에서 훈련을 받은 광야 세대이고 약속의 땅에 들어가서 왕국을 세울 가나안 세대이다. 모세는 백성들을 살리기 위해 하나님께로 나간다. 이것이 목회자의 길이다. 목회자는 좋아하는 사람만을 위해 기도하는 것이 아니라 자신을 비방하고 불평하는 몰염치한 성도들을 위해서도 기도해야 한다. 하나님이 모세의 기도에 응답하신다. 이번에는 좀 희한한 응답이다.

> **불뱀을 만들어 장대 위에 매달아라 물린 자마다 그것을 보면 살리라** 민 21:8

중재 기도에 대한 응답으로 놋을 소재로 불뱀과 동일한 모형 뱀을 만들어 긴 장대 위에 매달게 하셨다. 눈에 확연히 띄도록 놋뱀을 높이 달아맨 대이다. 하나님은 불뱀의 치명적인 독성을 제거하는 유일한 치료법으로서 그들을 쓰러뜨린 불뱀 형상을 보게 하셨다. 이는 "치료하는 여호와"(출 15:26)의 능력 부족을 나타낸 것이 아니라 전 인류에게 구원의 방식을 계시하신 것이다. 백성들이 자기 허물을 자각하고 구원을 얻으려면 오직 '장대에 높이 들린 자' 예수 그리스도를 구세주로 믿는 길밖에 없다는 원리를 제시하신 것이다(요 3:14-15).

하나님이 명하신 방식은 미신적으로 보이고 논리적이지도 못하다. 그러나 모세는 '아멘!' 하는 순종심으로 장대에 놋뱀을 달았다. 믿지 못하면서 놋뱀을 달았다면 살리는 생명의 역사가 일어나지 못했을 것이다. 그러나 무조건 순종파 모세는 하라는 대로 무조건 순종한다.

하나님은 불뱀에 대한 대항마로 왜 놋뱀을 제시하셨을까?

여러 해석이 있다. 놋이 햇빛에 반사될 때 내는 붉은 빛깔 때문에, 불에 잘 견디는 내열성 때문에, 태양에 반짝거려 멀리서도 누구나 잘 볼 수 있기에 놋으로 뱀을 만들라 하셨다는 것이다. 물론 그런 연유가 없는 것도 아니겠지만 놋뱀이 불로 상징되는 심판과 고통을 견뎌 내신 예수 그리스도의 인내를 상징한다는 해석이 맞다.

모세 시절에는 구원의 상징이었던 놋뱀은 가나안 정착 이후 히스기야왕 때까지 보존되었으며 숭배 대상이었다(왕하 18:4). 히스기야는 종교 개혁을 일으켜 놋뱀을 부숴 버리고, '느후스단', 놋조각이라 무시했다. 신적 요소가 전혀 없는 놋조각에 불과하다는 것이다. 놋뱀은 그 자체에 신통력이 있는 것이 아니다. 이스라엘은 놋뱀을 통해서 구원 역사를 이루신 하나님의 주권을 인정하는 성숙한 여호와 신앙의 선민이 되어야 한다. 그래서 히스기야는 종교 우상이 될 소지가 있는 것은 과거에 나름의 역할이 있었다 해도 파괴해 버렸다.

우리도 눈에 보이는 상징물을 부적처럼 원하는 것은 아닐까? 십자가조차 단순한 부적이라면 잘못이다. 하나님은 형상화되실 수 없다. 우리의 눈과 마음에서 그런 형상, 장식물을 버려야 한다.

십자가에 달리신 주님

모세는 장대의 놋뱀을 높이 쳐들었다. 장막 촌에서 손쉽게 구할 수 있었던 최고로 높은 장대였으며 높은 지대 위에 모두가 볼 수 있도록 세웠다. 그리고 사람들을 풀어 놋뱀을 쳐다보도록 소리 높이 외쳤다. 놋뱀을 쳐다본다는 것은 그리 어려운 일은 아니다. 장대 끝에 올라가서 놋뱀을 만지라는 게 아니고 쳐다보라고 하신 것이다.

이 사건은 예수님이 구원 사역을 설명하실 때 예로 들어 더욱 유명해졌다(요 3:12-15). 이성으로 구원을 이해하려는 니고데모에게 고사(古史)를 전해 주시며 불뱀 사건이 자신을 향한 하나님의 구원 계시라고 해석해 주셨다. 예수님은 "하늘에 올라간 자"(요 3:13), 높이 들리신 자이다.

> **모세가 광야에서 뱀을 든 것같이 인자도 들려야 하리니 이는 그를 믿는 자마다 영생을 얻게 하려 하심이니라** 요 3:14-15

불뱀과 놋뱀은 죄와 그리스도를 각각 상징한다. 예수님이 중보자 신분으로 십자가에서 속죄의 죽음을 당하실 것이다. '인자의 들리우심'(요 3:13)이다. 들리우심은 십자가에 달리심은 물론 부활과 승천까지도 의미한다. 뱀에 물린 인류가 다시 뱀을 바라본다는 것은 이성에 어긋난 일이지만 하나님의 명령에 순종하여 예수 그리스도를 바라보는 자들은 구원을 얻을 것임을 보여 주신 것이다. 신앙의 진리는 이성을 거부하고 하나님의 명령에 어린아이처럼 순종할 때 구원을 얻는다는 것이다.

모든 사건이 끝났을 때 모세는 기진맥진해졌다. 광야의 길로 인해 힘들어 자충수를 둔 백성들을 이해하지 못하는 바는 아니었지만 조금만 더 참을 수는 없었을까. 하나님이 하시는 일에는 모두 이유가 있음을 확신하고 원망과 불평을 입에서 내려놓을 때가 되지 않았던가.

모세는 죽은 자들의 시체를 보며 생각한다.

'내가 참 오래도 살았구나….'

Chapter 29

장수 | 오래 잘 살고 싶다면

한국인의 관심 대상은 건강이다. 장수와 건강 비결에 관한 정보가 인터넷에 차고 넘친다. 장수의 비결이 운동, 규칙적인 생활, 식생활 습관보다 '건강검진'이라는 답도 나온다. 옛날에는 내 건강을 내가 알아서 챙겼지만, 지금은 남이 해 주어야 한다. 그것이 건강검진이다. 어떻게 보면 맞는 말이다. 노벨화학상 수상자이며 구조생물학자인 벤카트라만 라마크리슈난(Venkatraman Ramakrishnan) 박사는 장수의 비결로 "잘 먹고, 잘 자고, 움직여라", 세 가지를 꼽는다. 모세는 120세까지 '장수'와 '건강'이라는 두 마리 토끼를 잡은 인물이다.

> 모세가 죽을 때 나이 백이십 세였으나 그의 눈이 흐리지 아니하였고 기력이 쇠하지 아니하였더라 신 34:7

이삭도 말년에 눈이 어두웠고(창 27:1), 야곱도 아버지를 닮아 눈이 나빴고(창 48:10), 북이스라엘 아히야 선지자는 나이가 많아서 앞을 보지 못했다(왕상 14:4). 실로의 엘리 제사장은 눈이 어두워 잘 보지 못하는 시각 장애인이었다(삼상 3:2). 같은 히브리 혈통이지만 모세는 120세가 되어도 눈이 흐려지지 않았다. 바늘귀에 실을 꿸 정도로 시력이 좋았다는 말이다. 기력도 쇠하지 않았다. 비결이 무엇일까?

신체가 건강해서

모세에게 건강 요소는 음식, 물, 걷는 것이다. 천연의 건강식품 만나와 메추라기를 먹었다. 모두 하늘에서 직송한 것이다. 오염되지 않고 영양가가 다 들어 있다. 서양에서 '의학의 아버지'로 불리는 히포크라테스(Hippocrates)는 "오늘 먹는 음식이 곧 나의 몸이 된다"라는 말을 남겼다. 한 끼 식사가 단순한 영양 공급을 넘어 삶의 질을 결정짓는 중요한 요소라는 뜻이다. 만나 같은 건강식품을 만든다면 인류 건강을 위해 획기적인 기여를 할 것이다.

모세는 만나와 함께 반석에서 나온 물을 마셨다. 인체는 물이 70퍼센트인데, 특히 혈액 중 물이 차지하는 비율은 90퍼센트 이상이다. 사람의 몸은 '물주머니'라 할 만큼 물은 생명의 중심이다. 세계보건기구(WHO)는 깨끗한 물을 마시면 현재 질병의 80퍼센트를 치료할 수 있다고 한다. 각종 질병이 발생하는 것은 물 때문이다. 모세는 반석에서 나오는 미네랄 생수를 마셨다. 나일강의 물로는 장수하지 못했을 것이다.

모세는 80년을 꾸준히 걸었다. 목자로서 양들과 40년을 걸었고 지도자로서 백성들과 40년을 걸었다. 80년을 걷고 또 걸으니 뱃살이 생길 것도 없고 비만이 될 일도 없다. 청와대 대통령 주치의를 지낸 최윤식 박사는 건강 비결을 "건강에는 왕도(王道)가 없다. 기름진 음식을 피하고 야채와 과일을 많이 섭취하고 하루 30분에서 한 시간 동안 꾸준히 걸어라"라고 조언한다.

인간은 직립형이기에 원래부터 걸어 다닌다. 현대적 교통수단이 보급되기 전까지 매일 평균 3만 보를 걸었다고 한다. 사람은 걸을 때 몸의 막힌 곳이 뚫린다. 발바닥의 신경망이 자극되어 오장육부가 반응한다. 과학자들은 체중이 불어나면 뇌가 쪼그라진다는 사실을 밝혔는데, 뇌는 기억과 계획을 관장하기에 알츠하이머에 걸릴 확률이 높다는 것이다. 뇌가 작으니 노화도 더 빠르게 나타난다. 극도 비만은 적정 체중의 사람보다 기대 수명이 12년 정도 낮아지고 여기에 흡연까지 하게 되면 21년까지 줄어든다는 보고도 있다.

하버드 대학교 의과대학교 자료에 의하면 걷기가 심장마비를 37퍼센트 감소시키고 장에 발생하는 대장암, 직장암 등의 암을 50퍼센트, 유방암은 20퍼센트를 감소시켰다고 한다. 걸으면 우울증이 치료되고 고혈압이 좋아지고 당뇨가 개선된다. 그래서 "앉으면 죽고 걸으면 산다!"는 말도 나온다.

우리가 몸이 건강해야 하는 이유는 장수만을 목적하는 것은 아니다. 내 몸과 마음은 하나님의 성전이다(고전 3:16). 몸을 건강하게, 깨끗하게 사용하는 것은 내 책임이자 의무이다. 부활의 몸이고 천국에서 영생할 몸이기에 잘 관리해야 한다. 모세는 저절로 체력 관리가 된 사람이다.

마음이 온유해서

건강과 장수는 체질만 다스려서 되는 게 아니다. 지금까지 장수마을은 해안과 평야 지대에서 산간 마을로 올라갔다. 그래서 장수는 환경의 영향이라고 했는데 요즘 들어 어디에 살든지 마음을 곱게 써야 건강하고 장수한다는 주장이 힘을 얻고 있다.

중국 남서부 쓰촨성 난충시에 거주하는 추차이스는 청나라 말기였던 1901년생으로 올해 124세이다. 100세 이후에 시력과 청력이 저하되었지만 124세에 계단도 거뜬히 오른다. 추차이스의 장수 비결은 일상이 단순하되 규칙적인 생활, 평화롭고 낙관적인 태도라고 외신은 전한다.

다윈은 진화론에서 '적자생존론'을 말한다. 이 말을 중학교 교실에서 "(노트에) 잘 '적자.' 잘 '적는' 사람이 생존에 강하다"는 뜻으로 해석해서 웃음이 터져 나온 적이 있다. 다윈은 강한 생물이 살아남고 약한 것은 도태되면서 계속 진화한다는 설을 내놓았다. 하지만 결과는, 갑각류 동물은 멸종하고 연체동물은 생존

율이 높게 나온다. 연체동물의 특징이 유연성이다. 사람으로 말하면 온유함이다. 온유함은 부드러움이고 착함이다.

모세는 온유한 지도자였다. 사사건건 희로애락을 그대로 드러냈거나 교만으로 일관했다면 스트레스로 장수하지 못했을 것이다. 그는 열두 지파 모두에게 공평했으며 율법의 가르침대로 이방인들, 잡족에게도 너그러움을 보였다. 고질적인 불평 불만 중증 환자 백성들과 싸우려 하지 않고 하나님의 주권을 바라보며 해결을 기대했다. 양 떼를 대하는 온유의 마음이다.

모세는 정신력이 강했고 수용력도 큰 사람이다. 동역자로 70명의 장로를 세우고 그들에게 성령이 임하실 때 엘닷과 메닷은 무슨 이유에서인지 장막 모임에 참석하지 않았다. 그런데도 하나님의 영이 임하셨고 공적인 장소 장막이 아니라 사적인 장소 자기 진영에서 예언했다. 여호수아가 이를 목격하고 금지를 호소하자 모세는 모두 하나님의 영을 받고 선지자가 되었으면 좋지 않냐며 오히려 부관을 달랬다(민 11:24-29). 이처럼 잠재적 경쟁자에게도 너그러움을 갖고 있었다. 그의 수용성과 포용력 때문에 모세는 고령에도 죽을 때까지 총기가 사라지지 않았다.

사명감이 있어서

모세는 노환으로 힘에 부쳐 죽은 것이 아니라 "이젠 그만 살고 와라!" 하고 하나님이 데려가셔서 120세로 막을 내렸다. 체력적으로는 얼마든지 오래 살 수 있는 강인함이 있었다. 웰빙 음식에 좋은 물을 마시고 꾸준한 도보 운동이 장수의 원인이지만 지도자로서의 원칙이 있었다. 그는 자기 성공에 목숨을 걸지 않았다. 한 민족의 왕이 되는 개인적인 야망이 인생 목표가 아니었다.

　모세는 백성들의 가나안 입성을 생의 목표로 삼았다. 그것이 주어진 사명이었다. 백성들을 이용해서 성공하고자 하는 욕망이 없었다. 그에게 백성들은 수단이 아니라 목표였다. 그러니 경쟁자도 없고 그만큼 스트레스도 없었다. 사명이 남아 있으면 건강하게 살게 해 주실 것이고 사명이 끝났으면 오라 하실 때 가면 된다는 단순한 마음, 사명감이 장수와 건강한 생애를 만든 것이다.

　미국 국무장관을 지냈으며 '외교의 달인'이라 불리는 헨리 키신저(Henry A. Kissinger)의 아들이 〈워싱턴포스트〉에 아직도 정정한 아버지의 건강 비결을 공개한 적이 있다. 2023년 당시 100세를 맞은 키신저가 죽기 바로 전이다. 아들은 아버지가 정신적, 육체적 활기를 유지할 수 있는 원인으로 지칠 줄 모르는 호기심과 사명감을 꼽았다. 노벨평화상 수상자답지 않게 "미국의 이익만을 위해 달려왔다"는 비판도 만만치 않지만, 외교 정책은 미국인의 지속적인 가치를 반영해야 하며 정파적 정책의 실익에 연연해서는 안 된다는 일념으로 미국과 소련 간의 긴장을 상당한 휴식으로 이끈 데탕트 정책과 함께 중국의 개방과 베트남전을 끝내는 큰 역할을 했다. 눈부신 그의 외교의 바탕에는 "세계 평화를 위하여"라는, 나름대로의 사명감이 있었다.

모세가 그랬다. 출애굽과 가나안 입성이 주어진 사명이었다. 그 사명이 있어 낙심도 포기도 할 수 없었고 백성들과 다투면서도 끈질기게 그들을 데리고 가야 했다. 그에게 주어진 사명의 길이었고 그만큼 계속해서 일했기에 건강을 유지할 수 있었다.

넷플릭스 다큐멘터리 "100세까지 살기: 블루존의 비밀"을 보면, 장수촌 백세인 중에 누구도 '일'을 손에서 놓지 않는다. 그들에게 일은 생계나 습관을 넘어 삶의 의미이자 존재 이유이다. 코스타리카의 백 세 목수, 일본 나가노현의 노인들, 과거 우리나라 농촌의 백 세 노인들에게도 공통점은 하나, '매일 부지런히 일한다'는 것이다. 음식, 물, 건강, 일은 모세에게 모두 해당되는 단어이다. 그래서 120세를 건강하게 살았다. 하나님이 주신 복이다.

건강 음식을 먹는다고 웰빙 인생이 아니다. 육체적으로 건전한 생활을 하고, 마음을 곱게 쓰고, 하나님의 생각으로 일을 처리하면서 만족하며 보람을 느끼며 살 때 건강하고 아름다운 종말을 맞게 된다. 이것이 웰다잉(Well-dying)이다. 가장 아름다운 죽음은 가장 아름다운 삶의 열매라는 것을 잊지 말아야 한다.

모세 주변에는 이제 젊은 사람들뿐이다. 최고령자도 60세 미만이다. 기성세대는 광야에서 하나둘 모두 죽었다. 모세가 120세가 되니 최고령 대어른이 된 것이다. 슬슬 죽음을 맞이할 준비를 해야 한다. 모세는 주어진 날이 얼마 남지 않았음을 알았기에 자꾸 뒤를 돌아보게 된다. 걸어왔던 광야의 곳곳을 바라보며 추억에 잠기기도 한다. 도대체 몇 개의 성읍을 지나왔던가.

Chapter 30

성읍들 | 이 모든 날 신실하셨던 주님을 기억하라

광야를 하염없이 걸었던 먼 여정도 끝이 다가오고 있었다. 가나안이 보이는 모압 들판에 와 있다. 동쪽으로는 아라비아 사막까지 뻗어 있고, 서쪽으로는 요단강과 사해가 만나는 지점에서 끝나며, 남쪽으로 아르논 지류까지 뻗어 있는 거대한 고원 지대이다. 모세가 죽음을 앞두고 가나안을 바라보던 비스가산이 여기에 있다(신 3:27). 여기만 통과하면 가나안이다.

모세는 아모리 왕 시혼에게 통과할 수 있도록 양해를 구했지만 거절당했다. 사나운 아말렉 부족을 쓰러뜨린 신생 대부족이 경내에 진입하면 재산상의 피해가 크다. 당시에는 시혼이 모압의 일부를 점령한 지 얼마 되지 않아 정국이 불안정한 상태이기도 했다.

거짓 선지자 발람의 축복

이스라엘은 선전 포고한다. 가나안이 목전이기에 사기충천한 군사들은 아모리 남왕국 시혼과 북왕국 바산 왕 옥을 차례로 섬멸하고 진군을 서둘렀다. 가나안이 보이는 요단 건너 여리고 맞은편의 모압 평지에 진을 쳤다.

모압 왕 발락은 시혼과 바산의 두 왕이 패했다는 소식에 겁을 먹고 미디안 장로들에게 조언을 청했다. 모압 왕실에 고용되어 국가적 사안에 조언을 해 주던 복술가들이거나 왕실을 드나들며 정보와 문물을 전해 주던 정보통 대상이었을 것이다. 이스라엘을 따돌릴 전술을 구하자 메소포타미아의 술사 발람을 추천했다(민 22:7). 신하들은 복채(점패)를 가지고 640킬로미터 정도 떨어져 있는 발람을 찾아갔다. 그곳은 정치, 경제, 종교의 중심지였기에 마술사들이 거주하고 있었다.

하나님이 발람의 길을 막으심으로 전략은 성공하지 못했다. 그렇다고 하나님이 아주 완벽히 길을 막으신 것은 아니다. 발락 왕과 신하들, 백성들 앞에서 여호와 하나님이 누구이신가를 분명히 알려 주실 필요가 있었다. 모압 지역은 요단강을 건너지 않고 잔류를 결정한 르우벤 지파, 갓 지파, 므낫세 반 지파가 정착해서 살아야 할 지역이기 때문이다.

하나님의 허용 아래 발람은 높은 언덕에 올라 이스라엘의 진을 바라보며 저주가 아니라 오히려 복을 선포했다. 그것도 장소를 바꾸어 세 번이나 덕담하고 말았다.

> 하나님이 그를 애굽에서 인도하여 내셨으니 그 힘이 들소와 같도다 그의 적국을 삼키고 그들의 뼈를 꺾으며 화살로 쏘아 꿰뚫으리로다 꿇어앉고 누움이 수사자와 같고 암사자와도 같으니 일으킬 자 누구이랴 너를 축복하는 자마다 복을 받을 것이요 너를 저주하는 자마다 저주를 받을지로다 민 24:8-9

모압에 대한 축복을 거절했을 뿐만 아니라 아말렉의 종말과 이드로의 혈족인 겐 족속이 쇠약해진다는 미래를 예언했다(민 24:20-22). 발락왕의 노여움을 산 발람은 집으로 돌아가면서 돈푼이라도 챙기기 위해 이스라엘을 교란시킬 방법을 흘렸다(민 31:16). 미인계 공략이다.

이스라엘이 싯딤에 장막을 쳤을 때 그 일은 일어났다. 모압 평원 북단에 위치한 싯딤은 광야에서 마지막으로 진을 친 곳이며, 모세가 고별 설교와 율법을 전승한 곳이다. 여호수아가 가나안 정복에 따른 정탐꾼을 파견한 곳이기도 하다(수 2:1).

모압 여인들이 이스라엘 남자들을 유혹했다. 거친 광야에서 살아왔던 남자들은 잘 가꾼 여인들에게 홀려 음행을 했고 우상 숭배에 참여했다. 이에 여호와께서 진노하셨다. 수장들에게 책임을 물어 처단하셨고 음행과 우상 숭배에 가담한 자들을 색출해서 죽이셨다. 역병으로 2만 4천 명이 죽었다. 아직도 60만의 장정 중에서 정리되지 못한 사람들이 있었던 것일까. 이후 미디안의 다섯 왕과 함께 발람은 비참한 최후를 맞았다(민 31:8). 이 일로 '불의의 삯을 탐낸 탐욕의 선지자', '거짓 선지자'라는 오명으로 불리게 되었다(벧후 2:15).

이스라엘은 요단 동쪽 모압 지방에 장막을 쳤다. 르우벤 지파와 갓 지파는 잔류를 희망했다. 므낫세 지파는 의견 통일이 되지 않아 절반은 떠나고 절반은 남기로 했다. 모세도 처음에는 하나님의 약속에 위배가 되는 것 같아 께름칙했다. 모세나 이스라엘 백성 모두가 생각하는 약속의 땅은 요단강 서쪽의 지역만 해당되는 줄 알았다. 그러나 요단강 동쪽 모압 평지에도 가나안인(민 21:3), 아모리인(민 21:25)이 살고 있었기에 하나님이 약속하신 최대한의 한계까지 이스라엘 국경이 확장될 것으로 예상하고 조건부로 허락했다. 모압에서 성읍을 건축해서 자손들과 살되 동족들이 가나안 땅을 정복하는 일에 앞장서라는 것이다.

잔류하는 세 지파는 충분히 대가를 치를 준비가 되었다면서 수락했다. 모세는 요단강 동쪽에 잔류한 지파를 위해 도피성을 지정해 줌으로(민 35:14) 그들도 하나님의 백성인 것으로 인정한다.

모압 지방에서의 장막 생활은 오랜만에 누리는 안락한 생활이었다. 백성들은 세 지파의 정착촌 건설에 힘을 모았고 모세의 고별 강연을 들으면서 율법을 익혀 나갔다. 모세는 율법을 강론하는 틈틈이 광야에서 거쳐 왔던 행진을 기록으로 남긴다.

이동 길에 지하수가

이집트를 떠난 날은 '첫째 달' 15일이다. 첫째 달(정월)은 유대 민간력으로 7월이다. 하나님은 이집트를 떠난 그날을 신정국가 이스라엘의 건국 원년(元年)으로 삼게 하시고 새로운 월력, 곧 종교력을 만드셨다(출 12:2).

광야의 숙영지를 정리한 민수기 33장은 라암셋을 떠나 시나이 광야에 이른 과정(5-15절), 시나이 광야에서 가데스 바네아까지의 숙영지들(16-36절), 가데스에서 현재의 모압 평지(37-49절)까지 기록하고 있다. 지나온 성읍은 대략 42개, 1년에 한 개의 성읍에 머물면서 이동한 꼴이다.

이스라엘 백성에게 42개의 성읍은 영욕(榮辱)의 흔적이다. 하나님과 함께했던 세월, 거역했던 세월, 쓴 물이 나오던 때, 단물이 나오던 샘, 어느 성읍에서는 아버지가 죽고, 어머니가 죽은 슬픔의 성읍…. 아이가 출생한 행복한 성읍인가 하면, 같은 성읍에서 아이를 잃은 비통함도 있다. 그렇게 모든 성읍에는 추억이 있고 즐거움과 슬픔이 교차되고 있다. 그 성읍들을 뒤로하고 가나안으로 들어가야 한다. 그렇다고 어찌 지나온 그 성읍들을 잊을 수 있을까. 거기에 행복도 있고 슬픔도 있는데, 나까지 잊어버리면 잊힐 성읍이고 영원히 잊힐 사람들인데….

모세가 지나온 과거를 회상하는 까닭, 성읍의 이름을 하나하나 기록하는 까닭은 무엇일까? 그것은 복기(復棋)이다. 바둑,

장기, 체스 등의 대국이 끝난 뒤, 해당 대국의 내용을 검토하기 위하여 두었던 순서대로 다시 두어 보는 복기는 승패의 결과에 구애되지 않고 대국의 내용을 연구, 검토하는 것으로 본인의 실력을 늘리는 데 큰 도움이 된다.

모세는 그렇게 그들이 지나온 40여 개의 성읍을 하나하나 복기하면서 그 이름을 적어 놓고 있다. 복기의 과정을 통해 얻는 교훈은 '하나님의 은혜를 잊지 말라'는 것이다. 광야 40년, 참으로 힘들게 살았다. 불평하고 힘들어했지만 지나 놓고 보니 성읍마다 하나님의 은혜와 사랑이 흘러넘치고 있다. 길이 없는 곳에서 길을 만들어 주시고, 먹을 것을 주시고, 보호해 주시고, 하나님의 은혜가 따라다닌 세월이다. 왜 그 은혜가 앞 눈에는 안 보이고 뒤의 눈에만 보였던 것일까.

유대인은 "그들을 따르는 신령한 반석"(고전 10:4)으로부터 물을 마셨다는 바울의 말을 들어 르비딤의 반석이 광야 생활 동안 줄곧 따라다녔다고 한다. 성경학자들도 백성들이 머물렀던 곳곳이 수원지였다고 말한다. 그들 눈에는 물도 없고 척박하고 먹을 것도 없는 광야였지만, 하나님은 거대한 지하수를 중심으로 이스라엘을 이동시키셨다는 해석이 참 좋다.

그런 줄도 모르고 백성들은 물이 없다 원망하고, 쓰다 불평하고, 으르렁거리면서 걸었다. 땅속으로 지하수가 흐르고 물길을 따라 이동 중이고 순종하기만 하면 자연스레 물을 찾을 수 있는 땅에서 걸핏하면 거역했지만, 하나님은 구르는 반석처럼 따라다니셨다. 그래서 물을 달라면 물을 주시고, 양식을 달라면 양식을 주시고, 용서해 달라고 하면 용서해 주시고…. 광야 40년은 하나님의 은혜가 그들의 죄를 이긴 세월이다.

모세는 40여 개의 성읍을 회상해 본다. 모세 개인으로도 그 성읍들은 부모를 묻고 누님과 형과 아내를 묻은 슬픔의 장소들이다. 당시에는 그 성읍의 상황들이 고통의 전부인 줄로 알았다. 그 성읍의 죽음들, 목마름, 백성들에 대한 실망, 구겨진 나의 인생, 상처받은 자존심을 힘들게 견디었다. 이젠 과거가 되어 버린 성읍들은 교훈을 주고 있다. 모든 것은 다 지나간다고, 지나가면 끝나는 것을 붙잡고 너무 연연하지 말자고, 즐거우면 웃고 슬프면 울고 끝내자고.

모세는 광야를 기록하며 하나님의 섭리 아래에서 모든 것은 아무것도 아니라는 것을 배우고 있다. 죄가 없어 여기까지 온 것이 아니라, 죄보다는 하나님의 은혜가 더 컸기에 많은 성읍을 지나 무사히 여기까지 오게 되었다는 것을 백성들에게 알려 주고 싶어서 기록으로 남기고 있다.

객지 생활 50여 년, 서른 번 이사

제주에서 고등학교를 졸업하고 열아홉에 상경했다. 객지 생활 50여 년에 서른 번 남짓 이사했다. 절반은 손수레 이사였다. 광야 백성만큼은 아니어도 신학교와 교회 중심으로 맴돌았다.

그중에도 잊지 못할 집들이 있다. 신학교에 다니던 집, 연탄가스로 죽을 뻔했던 집, 조선일보 신춘문예 당선 소식에 감격하던 집, 목사 임직을 받았던 집, 행복했던 신혼집, 아이들이 태어난 집, 개척 교회를 시작했던 집, 주인이 전기세를 너무 많이 받았던 집, 큰아이가 2층에서 배트맨 흉내 내느라 뛰어내려 놀라게 했던 집, 둘째가 텔레비전에 얻어맞아 구급차에 실려 갔지만 목숨을 구했던 집, 교회가 부흥되던 집, 허리 수술을 했던 집, 가정의 슬픔을 겪었던 집, 발산동에 예배당 건물을 구입하고 강화도에 수련원을 건축했던 집, 두 아들이 결혼을 했던 집…. 생각만으로도 행복한 집이 있고 아픔이 되는 집이 있다. 그런 집을 거쳐 여기까지 왔다.

소설가 김형경은 선배에게 희롱과 배신을 당했던 자신의 상처를 이렇게 말한다.

너무 힘들어. 평소에는 괜찮다가도 이따금 한 번씩 억울하다는 생각이 들면, 모든 게 엉망이 되어 버려.

그 시절, 나도 억울하다고 했다. "억울해!" 무엇이 그리 억울했을까? 지나 놓고 보면 나만 억울한 게 아니다. 누구도 억울하기는 마찬가지였다. 그럼에도 우리는 나만 상처를 받았다고, 내가 건넌 강, 넘은 산이 더 깊고 더 높았다고, 하나님이 나에게만 힘든 성읍을 지나게 하셨다고 섭섭해했다. 하지만 지금 생각해 보면 우리만 깊은 강물을 건너온 것도 아니고 높은 산을 넘은 것도 아니다. 우리보다 상처가 더 깊은 이들, 더 깊은 강물을 건넌 이들도 많다. 그렇게 걸어왔던 우리의 성읍들은 하나님의 은혜들로 채워져 있다. 복음 찬송에 이리 좋은 가사가 있다.

> 지나온 모든 세월들 돌아보아도
> 그 어느 것 하나 주의 손길 안 미친 것 전혀 없네
> 오 신실하신 주 오 신실하신 주
> 내 너를 떠나지도 않으리라
> 내 너를 버리지도 않으리라
> 약속하셨던 주님 그 약속을 지키사
> 이후로도 영원토록 나를 지키시리라 확신하네.

바위가 제 몸에 난 흠집에 푸른 이끼를 키우듯 우리도 세월의 흠집을 탓하지 말고 그 흠집에 생명의 이끼를 덮어서 더 아름다운 믿음의 백성으로 아름다운 세월을 향하여 나가야 한다. 그러다 보면, 세상에 작별을 고하고 떠나는 죽음의 날이 온다.

Chapter 31

죽음 | 사명자는 사명을 다할 때까지 죽지 않는다

광야를 마감할 때도 되었다. 모세는 요단강이 멀리 바라다 보이는 모압 평지에서 긴 강론을 마쳤다. 고별 강론에서 백성들을 향해 너희들은 "행복한 사람"(신 33:29)이라고, 가나안에 들어가서는 행복하라는 덕담을 하지만 정작 모세는 그 행복에 참여하지 못한다.

오래전에 가데스 바네아에서 여호수아와 갈렙 두 명 중에 끼지 못하고, 모세도 광야에서 죽어야 할 60만 명에 포함되었다. 하나님의 특별 대접으로 가나안 입성이 가능하진 않을까, 문득 기대도 해 보았겠지만 므리바에서 하나님의 거룩함을 손상시키면서 그 역시 60만 명 중 하나가 되었다.

가나안을 바라보다

이집트를 떠난 지 제40년 5월 1일에 아론이 죽었다(민 33:38). 이집트를 떠나던 때의 나이는 83세(출 7:7), 사망할 때의 나이는 123세(민 33:39)였다. 모세에게 밀려서 활약이 조연급으로 보이지만, 종교 국가인 이스라엘 사회에서는 상당히 중요한 인물이다. 그가 대제사장이 된 이래로 예루살렘 성전의 제사장 계층은 단독으로 아론의 혈통을 통해 계승되었기 때문이다.

대제사장 아론은 3남 엘르아살에게 대제사장직을 물려준 후에 호르산에 올라가 죽는다. 백성들은 행진을 멈추고 30일이나 애곡했다. 애도 기간은 보통 7일이었으나(창 50:10), 아론의 경우 30일이었다(신 34:8). 백성들은 그동안 불평도 원망도 쏟아 내었지만, 지도자에 대한 각별한 예우로서 일종의 국장(國葬)으로 보낸다. 모세는 '그들이 갔으니 나는 누가 장례식을 치러 줄까', 그런 생각도 했겠지만, 하나님은 다른 장례식을 준비해 두고 계셨다.

모세는 모압 평지에서 강론을 마치고 느보산에 올랐고 여리고성 맞은편 비스가산의 꼭대기로 인도되었다. 느보산과 함께 아바림 산맥(신 32:49)에 있는 고봉(高峯)이다. 정상은 가나안을 조망하는 데 최적의 장소였다. 모세는 밝은 눈으로 길르앗에서 단까지 샅샅이 바라보았다.

태국 원주민 모겐족은 시력이 9.0이다. 학자마다 다르긴 하지만 독수리의 시력이 5.0-9.0 정도라고 하니 독수리보다 더 좋은 시력이다. 몽골인은 평균 시력이 4.0이다. 한국인은 시력 검사표에 2.0이 최고이다. 그 이상의 시력 측정은 생활하는 데 큰 의미가 없기 때문이다.

모세는 훨씬 더 밝은 눈으로 가나안의 전 지역을 바라볼 수 있었다. 그 시력이 어느 정도인지 궁금하다. 기네스북감이겠다. 모세를 종으로 사용하신 하나님이 가나안에 입성하지 못하는 그를 위해 주인으로서 베풀어 주시는 생애의 마지막 선물이다. 송광택 시인은 그의 시 "하나님의 사람 모세"에서, "느보산 정상 요단강 건너 가나안 땅 바라보며 약속의 땅 밟지 못하는 슬픔 가슴에 안고 여호수아에게 리더십을 넘기니 모세의 눈물 강물 되어 흐르네"라며 모세의 미완(未完)을 추모한다. 모세의 일생에 대해 신명기는 마지막 34장에서 이렇게 평한다.

> 그 후에는 이스라엘에 모세와 같은 선지자가 일어나지 못하였나니 모세는 여호와께서 대면하여 아시던 자요 _신 34:10_

모세는 위대한 선지자였다. 하나님의 영광을 많이 보았고 직접 체험한 자였다. 하나님의 권능과 능력을 나타냄에 최고의 자리에 오른 사람이다. 그리고 모세는 율법의 수혜자요, 중재자였다. 율법이 지속하는 한 이스라엘에서는 모세와 같은 선지자는 다시 일어나지 않을 것이다. 이에 대해 프란츠 델리취(Franz

Delitzsch)는 《공동주석》에서 이렇게 쓴다.

> 오직 한 사람만이 모세보다 더 큰 영광과 명예를 누릴 자가 있으니 곧 모세를 그 충실한 종으로 두고 있는 하나님 집의 장자로서(히 3:2-6), 우리의 대사도요 대제사장이시며 영원한 새 언약의 창시자와 중보자가 되시는 분, 곧 우리 주 예수 그리스도이시다.

시신을 두고 다투다

이스라엘은 죽음을 애도하며 30일간 행진을 멈추었다. 시신이 없는 가묘(假墓) 형식의 장례를 치렀다. 벧브올 맞은편 모압 땅에 있는 골짜기에 장사되었지만, 누구도 그 묘를 아는 자가 없다(신 34:5-6). 모세 시신에 관해서는 뜻밖에도 신약성경이 언급해준다.

> 천사장 미가엘이 모세의 시체에 관하여 마귀와 다투어 변론할 때에 감히 비방하는 판결을 내리지 못하고 다만 말하되 주께서 너를 꾸짖으시기를 원하노라 하였거늘 이 사람들은 무엇이든지 그 알지 못하는 것을 비방하는도다 유 1:9

외경 《모세 승천기》를 인용한 것으로 보인다. 천사장 미가엘이 모세를 장례하려 할 때 마귀가 시체를 요구했다. "사망 권세는 내 권세이기에 시신도 내 것이라"는 주장이다. 마귀와 천사장 미가엘이 서로 차지하려고 싸웠다. 천사장이 승리해서 모세의 장례식을 치렀다.

모세는 죽는 순간까지 눈빛이 형형했고 기력도 정정했다. 늙어 죽었거나 병들어 죽은 게 아니다. 사명을 마친 모세를 하나님이 하늘 가나안으로 곱게 데려가셨다. 모세는 지상의 가나안에 들어가는 대신에 하늘 가나안으로 곧장 들어갔다. 이집트 탈출 제40년째 되던 해(주전 1406년경)의 12월 초순이다. 이스라엘이 가나안으로 입성하기 대략 한 달 전이다.

모세는 호렙산에서 하나님을 대면하던 날, 떨기나무에 붙은 불을 보았다. 수없이 보아 왔던 떨기나무는 쓸모가 많지 않은 나무이다. 열매도 잎도 별로 없고 더위를 피할 그늘도 없다. 영락없는 모세 자신의 신세였다. 그 나무에 불이 붙었는데 꺼지지 않고 활활 타올랐다. 하나님이 그의 인생에 개입하시는 순간이다.

"너도 저렇게 불타는 아름다운 모습을 보일 수 있다!"

나이가 80세인데도 하나님의 불이 붙는 데는 상관이 없다는 것이다. 이리 말씀하셨을까?

"이스라엘의 부흥을 위해 너는 불을 붙이는 나무가 되어 주겠느냐?"

몇 차례 주저하던 모세가 끝내 "네!" 하고 순종했다. 그때부터 120세가 될 때까지 쉬지 않고 40년을 불타는 떨기나무로 살아왔다. 주님으로부터 받은 바 사명을 신실하게 완수한 여호와의 충성된 종이었다. 그리고 이제는 영생의 떨기나무가 되기 위해 백성들을 떠난다. 그래도 가족과 백성들을 두고 혼자 뚜벅뚜벅 산으로 죽으러 올라가는 모습을 상상하니 모세의 등이 참 애처로워 보인다. 이것이 모세의 마지막 모습이었을까?

Chapter 32

반전 | 주님이 다 보셨고, 다 아신다

모세는 그렇게 가나안 입성은 물론 무덤조차도 없이 세상을 떠났다. 시쳇말로, 토사구팽을 당한 것이다. 필요할 때 요긴하게 사용하다 필요가 없으면 야박하게 버리는 경우이다.

좋은 말일까? "모세니까"

모세의 생애도 수고와 업적에 비하면 마지막 결과가 아쉽다. 이집트 왕궁에서의 40년은 누구나 부러워할 영광과 명예였지만 의심과 시샘으로 오는 스트레스도 컸다. 미디안 40년 목자 생활은 소망이 없던 고된 세월이었다. 백성들을 이끌고 걷던 광야 40년은 나날이 기적이면서 치열한 날들의 연속이었다. 누구에게도 쉽게 마음을 드러낼 수도, 나약함을 보일 수도 없었다. 모세니까!

그 "모세니까"라는 말에 갇혀 참으로 고독하고 외로운 지도자의 길이었다. 부모의 사랑을 제대로 받았나, 부인과 두 아들과 따뜻한 시간을 가져 보았을까, 깊은 속마음을 나눌 친구들은 있었을까. 주변에 사람이 없었다. 찬란하게 빛나는 사람이었지만 그에게는 그렇게 어둠도 있었다.

그래서 모세를 생각하면 웃는 모습이 한 번도 상상이 가지 않는다. 늘 엄숙하고 생각에 잠겨 있고 때로는 지쳐 있는 모습이다. 그만큼 행복도 누리지 못했을까? 전기 작가 조나단 커시(Jonathan Kirsch)는 자기 회의에 사로잡혀 괴로워하는 인간 모세를 말한다.

모세는 온유하고 겸손한 목자인가 하면 피비린내 나는 폭력도 마다하지 않는 무자비한 전사이다. 마법사이면서 기적을 일으키는 점잖은 교사이고 반대하는 사람들을 응징할 때를 빼놓고는 자비로운 율법을 펼치는 율법사이다. 그리고 절대적인 권위로 백성을 해방시켰다. 무엇보다 하나님의 유일한 친구이면서 하나님에 의해 비극적인 죽음을 맞이한 사람이다.

그런 충성된 사람이라면 마지막에는 그만한 보상이 따라야 하는 것이 아닐까? 가나안에서의 지도자의 위치는 내려놓아도 국가 원로가 되어 존경과 사랑을 받아야 한다. 그동안 제대로 챙기지 못한 가정에서 두 아들 게르솜과 엘리에셀과 손자들을 품에 넣고 행복한 할아버지로 살다 남들처럼 평범하게 눈을 감게 하실 수도 있었다.

하나님은 그런 일상의 행복을 허락하지 않으셨다. 가나안의 일원으로서, 아버지와 할아버지로서 누리는 행복이 허락되지 않았다. 죽도록 일만 하고 고생만 하다 두 아들이 아버지 장례도 제대로 치르지 못하는 길로 떠났다. 그것도 혈기를 이기지 못해서 하나님의 거룩함을 훼손했다는 불명예를 지고 말이다. 가정에 대한 보상도 없었다.

아론과 그의 아들들과 후손들은 최고의 영광과 직분을 얻었다. 아론은 한 일에 비해 과분할 만큼 권세와 명예와 복을 누렸다. 장남과 차남이 하나님의 심판으로 현장에서 즉사한 불행도 있었지만, 3남과 4남은 아버지의 대를 이어 가며 이스라엘 역사에 제사장 가문으로 살았다. 제사장 가문은 세습이었기에 누구도 넘볼 수 없는, 일종의 블루오션(Blue Ocean) 금수저 계급이다.

이에 비해 모세의 아들들과 자손들은 역할이 없다. 성경 기록에 이름이 나오는 것은 게르솜의 아들, 그러니까 모세의 손자 요나단뿐이다. 요나단은 사사기 시대에 미가의 집 제사장이었다가 단 지파의 제사장이 된 "청년 레위 사람"(삿 18:14-20)으로 보인다(위클리프,《호크마 주석》). 그는 여호와에 대한 믿음을 온전히 지켜 내지 못하고 먹고살기 위해 단 자손 제사장으로서 우상을 섬기면서 요나단 집안의 직계 조상이 되어(삿 18:30) 할아버지 모세의 명성에 흠결을 내었다.

모세의 삶은 이처럼 충분히 보상을 받지 못했고 가나안 입성은 물론 추모할 만한 묘나 비석조차도 남기지 못했다. 필요할 때는 쓰고 필요 없을 때는 야박하게 버림을 받은 비운의 신세처럼 되고 말았다.

여기가 끝이었으면 모세는 토사구팽의 신세이다, 라는 말도 틀린 말은 아니다. 그러나 생애가 끝났다고 경기가 끝난 것은 아니다.

반전이 일어나다

모세가 1,400여 년 후에 재등장하는 반전이 일어난다. 전설 속의 등장이 아니라 현실로 무대 위에 오른다. 예수님이 높은 산에서 변형되시던 시간에 모세도 그 자리에 있었다. 그 산이 '다볼산'이라는 해석도 있지만, 가이사랴 빌립보와의 근접성(마 16:13)을 들어 '헬몬산'으로 추정한다. 해발 약 2,814미터로 산봉우리에는 항상 눈이 덮여 있다. 눈이 녹으면서 요단강을 통하여 이스라엘 전역에 물을 공급해 주는 산으로 이스라엘에서는 특별한 의미를 지닌다.

> 그들 앞에서 변형되사 그 얼굴이 해같이 빛나며 옷이 빛과 같이 희어졌더라 그때에 모세와 엘리야가 예수와 더불어 말하는 것이 그들에게 보이거늘 마 17:2-3

엘리야와 함께 나타났다. 유대인은 엘리야를 모세에 버금가는 인물로 추앙하고 예수님 당시 종교 지도자들은 세례 요한의 정체를 확인하면서 엘리야인지 물어볼 정도였다(요 1:21).

그만큼 비슷한 면들이 있다. 모세는 율법의 대표자이며, 엘리야는 예언의 대표자이다. 모세는 시나이산에서(출 33:18-23) 하나님의 영광을 체험했고, 엘리야는 호렙산에서(왕상 19:7-8) 하나님의 만져 주심을 체험했다. 같은 산이다. 모세는 하나님이 일으키실 메시아를 예언했고(신 18:15), 엘리야는 메시아의 선구자로 예언되었다(말 4:5). 모세는 파라오의 처형이 두려워 광야로 피신했고, 엘리야는 이세벨이 무서워 브엘세바로 피신했다(왕상 19:3). 모세는 여호수아를(신 34:9), 엘리야는 엘리사를 후계자로 세웠다(왕상 19:19). 엘리야는 산 채로 승천했고(왕하 2:11), 모세는 특이한 죽음을 맞음으로 그 시신을 찾을 수가 없었다(신 34:6).

두 사람은 사역이 너무 흡사해서 '호렙 동창생' 같은 느낌을 준다. 세월이 흘러서 나란히 나타났다. 하늘에서야 알고 지내겠지만 예수님 덕분에 지상에서 만나니 얼마나 반갑고 서로를 높였을까.

모세와 엘리야가 '예수님과 말하는 것'을 제자들이 보았다. 누가복음은 3인의 대화 주제가 "예루살렘에서 별세하실 것"(눅 9:31)이라고 구체적으로 기록한다. 3인의 대화 내용은 '예수님의 죽음'이다. 모세와 엘리야의 모든 사역이 가리키는 것은 결국 예수님의 십자가와 부활, 승천 사건이다.

혼자 생각해 본다. 모세는 율법의 한계를 토로하며 메시아가 오셨음을 환영했을 것이다. 율법에 가려 복음을 보지 못하는 일이 없도록 이스라엘 백성에게 자비와 긍휼을 베풀어 달라고 간청했을 것이다. 십자가에 달려서 죽음을 맛보실 예수님께 모세는 자신의 신비한 죽음 이야기를, 엘리야는 불 병거를 타고 승천하던 이야기를 했을 것이다.

예수님은 성자의 신분이지만 세상에 오시면서 성부 하나님과 교제하며 꼭 필요할 때만 신성의 능력을 사용하셨다. 그러므로 십자가 처형의 죽음은 예수님께도 힘든 과정이다. 이런 때에 모세와 엘리야의 현현은 큰 힘이 되었을 것이다.

예수님의 변형된 모습은 눈부시고 찬란했다. 마가는 "그 옷이 광채가 나며 세상에서 빨래하는 자가 그렇게 희게 할 수 없을 만큼"(막 9:3) 매우 희었다고 쓴다. 모세는 40년을 하나님과 동행하고 매일 하나님의 음성을 들었겠지만, 여호와의 실체를 정면으로 보지 못했고 하나님이 그에게 등만 보여 주셨다(출 33:23). 여호와의 등은 반질반질한 바위에 반사하여 비치는 영광이었을 것이다. 지금은 육신에 거하시다 육신을 벗고 나오신 하나님을 뵈었다. 찬란한 빛으로 잠시 여호와의 실체를 드러내신 것이다.

모세는 오래전에 등으로만 보았던 하나님의 형상을 예수님의 변형된 모습에서 감지할 수 있었을 것이다. 예수님의 찬란한 빛에 반사되어 엘리야와 함께 용모가 같이 빛났을 것이다.

하나님의 보상

모세는 그렇게 보상을 받았다. 약 1,400년이라는 세월이 흐른 아주 늦은 보상이었지만 그만큼 어마어마한 보상이다. 광야에서는 하나님 영광의 뒷모습을 본 것만으로도 황송했는데, 지금은 성자 하나님과 독대하다시피 하고 그 광채를 함께 누리고 있다. 세상 떠날 때는 가나안을 멀리 보면서 아쉬움을 달랬지만, 지금은 가나안의 중심, 그것도 예루살렘의 높은 꼭대기에서 두루두루 전망하고 있다. 멀리서 보는 가나안과 직접 발을 딛고 보고 느끼는 가나안은 달랐다.

그리고 시나이산에서 40일을 금식하며 받은 율법이 종교 전문가들의 기득권 수호에 이용당하는 점도 분명 있었지만, 선민들이 성민으로 살아가는 일에 크게 이바지하고 있음에 뿌듯하고 감사했다.

그들은 "모세의 자리"(마 23:2)를 만들었다. 율법을 가르치는 율법학자들의 돌의자이다. 모세의 자리에 앉는다는 것은 모세의 권위를 계승한다는 의미이다. 가나안이 바라다보이는 모압 평지에서 넓은 바위에 앉아 마지막 율법 강론을 했던 모세를 따라 그 자리에 앉은 서기관들은 모세의 모든 권위를 전수받은 공식적인 법적 계승자들이라 자타가 공인했다. 예수님도 랍비의 자격으로 종종 '모세의 자리'에 앉아 가르치셨던 것으로 보인다 (눅 4:20-22 참고). 어떻든 그 자리를 보며 모세는 민망하면서도 뿌듯했을 것이다.

몇 해 전에 평서노회 노회원들과 독일 종교 개혁지를 찾은 적이 있다. 우리가 아는 마르틴 루터는 종교개혁자에 한하지만, 독일 사회에서 루터가 차지하는 비중은 상상을 초월한다. 모든 정치, 종교, 사회, 예술, 문학, 음악, 그림, 생활 주거지가 루터의 영향권 안에 들어 있었다. 루터가 얼마나 큰 사람인가를 실감했다. 루터가 다시 돌아와서 독일 전역을 방문했다면 곳곳마다 자신의 업적이 스며 있는 것을 보면서 하나님의 보상에 크게 감격했을 것이다. (그럼에도 독일 그리스도인들 중에 2-3퍼센트만이 예배에 참석한다.)

모세도 그렇지 않았을까? 광야에서 율법만 전달해 주고 갔는데 여호와께서 주신 특별한 기회로 돌아왔더니 그 율법이 색바랜 유물로 남겨진 것이 아니라 사회 전반에 소중한 율례로 일반화되어 있었다. '모세의 자리'를 만들어 놓고 율법을 강론하며 율법으로 행위와 인격이 성민이 되는 교실로 삼고 있었다. 하나님이 주신 설계도를 보면서 성막을 건축했는데 그 모형으로, 지금은 예루살렘 성전이 우뚝 서 있다. 성전은 백성들이 죄를 사함 받는 의식을 치르고 감사와 기쁨으로 충만한 장소가 되었다.

이 모든 것이 수고한 것에 비하면 엄청난 보상이다. 예수 그리스도의 구속 사역을 위해 귀환했지만, 모세 입장에서는 하나님의 큰 보상을 받는 은혜를 누리게 되었다. 엘리야와 함께 하늘로 돌아가는 그 마음이 얼마나 황홀했을까. 이만하면 충분한 보상이다.

　믿음의 수고에 비해 보상을 받지 못해 야속했던 시절이 있었다. 그래도 하나님은 보고 계신다. 하나님의 보상 규모와 타이밍은 온전히 주님께 맡기며 살기도 하고 죽기도 해야 한다. 보상은 여기서도 받고, 하늘에서도 받고, 내 자녀 대에, 그것도 아니라면 먼 훗날 우리 집안 후손이 조상이 심어 놓은 대로 보상을 받을 것이다. 모세를 보면 안다.

Epilogue

이제 모세도 떠나보내야 한다. 어디에서 읽고, 집필 노트에 옮기는 과정에서 누구의 문장인지를 기록해 두지 못했다. 문장이 귀해서 양해를 구하며 여기에 옮겨 본다. 모세는,

시작점에서는 하나님을 몰랐다. 하나님에게서 멀어지려 하고 책임을 지지 않으려 했다. 40년 후에는 떠나려는 하나님을 붙들려 하고 백성을 위해 자신을 희생하고자 한다. 하나님을 아는 사람들의 행동이다.

세기적인 부흥사인 드와이트 무디(Dwight Moody)는 이런 말을 했다.

모세는 120년을 살다 갔다. 처음 40년은 무엇이나 할 수 있다는 왕궁 생활이다. 중간 40년은 나는 아무것도 할 수 없다는 미디안 광야 목자의 생활이다. 나중 40년은 나는 아무것도 할 수 없지만, 하나님이 함께하시면 무엇이나 할 수 있다는 광야 지도자의 생애이다.

모세가 그런 사람이다. 무디의 말로 120년을 재정리하면, 이집트 왕자로 40년은 '나는 무엇이나 할 수 있다'는 자신만만한 세월이다. 미디안 목자 40년은 '나는 아무짝에도 쓸모가 없는 양치기이다'라는 자기 비하의 세월이다. 광야 지도자로서의 40년은 '나는 아무것도 아니지만, 하나님이 함께하시면 무엇이나 할 수 있다'는 단단한 자존감의 세월이다.

모세는 이스라엘은 물론 인류 역사상 최고의 영웅이다. 거산(巨山)이요, 거목(巨木)이요, 거석(巨石)이요, 거성(巨星)이다. 이렇게 눈에 보이는 세기적인 영웅 뒤에는 그에 가려 보이지 않는 사람들이 있다. 모세가 '오늘 보이는 사람'이면, 보이는 모세를 만들기 위해 '안 보이는 사람들'이 있다.

모든 위인의 배후에는 여성들의 희생과 조력이 있듯이 모세에게도 어머니 요게벳, 누이 미리암, 아내 십보라, 양어머니 하트셉수트 공주, 회막에서 수종 들던 무명의 여인들이 있다. 그들의 모험과 희생이 없이는 모세는 위인은커녕 살아남지도 못했을 것이다.

모세는 유능한 사람이지만 대중 언어에 둔하다는 약점이 있다. 하나님이 붙여 주신 아론은 평생 그의 '입'이 되어 그림자처럼 곁에 있었다. 언어의 단점을 보충해 주는 사람 아론이 곁에 있었기에 모세다워질 수 있었다. 파라오 앞에서 아론은 지팡이를 내밀었고 모세가 손을 펴서 이적이 일어났다. 그만큼 아론도 능력 행사에 동참하고 협력한 인물이다.

모세라고 무쇠였을까. 지도자는 번아웃이라는 위기를 종종 겪는다. 너무 열심히 일하다 겪게 되는 탈진 증후군이다. 르비딤에서 습격해 온 아말렉과의 묘한 전투에서 피곤한 모세의 팔을 붙들어 준 훌이 있었다. 물론 아론도 함께했다. 그런 조력자들이 없었다면 모세의 손은 번쩍 쳐든 손이 아니라 축 처진 패배의 손이 되는 날이 많았을 것이다.

성막 전문가 강문호 목사님은 성막 건축에 금이 3톤 정도, 은이 5톤, 동이 4톤, 2,100피트의 세마포, 900피트의 염소 털로 짠 천, 2천 장의 양가죽이 소용되었다고 한다. 지금의 물가로 계산하면 엄청난 금액이다. 이 큰 비용을 소출과 수입이 없는 광야의 백성들이 자발적으로 바쳤다. 그들의 헌물과 헌신 덕분에 하나님이 임재하시는 성막을 무난히 완성할 수 있었다.

재능 기부자들도 있다. 전문 기술자 브살렐과 오홀리압, '마음이 지혜로운 사람들', 기술자들이다(출 31:2, 6). 내가 그 일을 못해도 필요한 은사로 돕는 사람이 있어야 한다. 모세가 모세 되게 한 데에는 이처럼 재능 기부자들이 있었다.

모세와 함께 지도자의 반열에서 힘이 되어 준 동역자들도 있다. 수종자 여호수아, 70인 장로, 온전함을 보여 준 갈렙, 수장과 부족장들이 항상 같이 있었다. 이드로 같은 조언자도 모세의 리더십을 빛나게 하는 역할을 했다. 이런 사람들이 모세를 만들어 냈다.

세계 최초의 핵무기 개발 프로젝트인 일명 '맨해튼 프로젝트'는 실제로 참가한 직원만 약 13만 명, 그 프로젝트를 위해 일한 사람을 다 합치면 수백만 명이 넘는다고 유발 하라리는 앞의 책 《넥서스》에서 밝힌다. 개발 책임자 로버트 오펜하이머(J. Robert Oppenheimer)가 핵 생산의 방정식에만 전념할 수 있었던 것은 캐나다 북부의 엘도라도 광산과 벨기에령 콩고의 신콜로브웨 광산에서 우라늄을 채굴하는 수천 명의 광부가 있었기 때문이다. 미국의 저술가 조지 매튜 애덤스(George M. Adams)는 말한다.

자수성가한 사람은 없다. 우리를 만든 것은 수천 명의 다른 사람들이다. 우리의 인격과 사고, 그리고 성공 뒤에는 우리에게 친절하게 대해 준 모든 사람, 또는 격려의 한마디를 해 준 모든 이가 있다.

미식축구의 공격수는 상을 받게 되면 수비수 전원에게 선물을 준비한다. 수비수가 뒤에서 버텨 주지 않았으면 점수를 내기 어렵고 골을 넣을 수 없음을 알기 때문이다. 참으로 좋은 관행이다. 내 주변에도 바로 서 있을 수 있도록 도와주는 사람들이 많다. 그들에게 공이 가야 한다.

40년 목회를 마감하고 원로목사 추대 예배를 드렸을 때 중학교 국어교사로 있는 임 집사님이 정희재 시인의 "당신, 참 애썼다"라는 시를 선물해 주었다. 참 애썼다, 라는 그 말에 감동을 받았다. 시인은 당신이 살아오면서 애썼다는 것을, 견딜 수 없는 것을 견뎌야 하고, 받아들일 수 없는 것들에 지쳐, 눈물 차오르는 밤이 있음을 안다고 했다. 그러기에 이렇게 위로하고 응원하고 있다.

당신, 참 애썼다.
사느라, 살아 내느라,
여기까지 오느라 애썼다.

부디 당신의 가장 행복한 시절이
아직 오지 않았기를 두 손 모아 빈다.

모세의 글을 마감하면서 "당신, 참 애썼다"라는 이 시가 생각났다. 나보다도 오히려 모세에게 필요했던 위로의 시가 아닌가 싶다. 모세, 참 많이도 애썼다. 애쓴 만큼 광야의 백성들은 알아주지 못했다. 애는 많이 썼지만, 장정 60만 명을 광야에 묻어야 했기에 제 잘못처럼 느껴지며 늘 미안한 심정으로 백성들을 대했다. 가나안 입성 거절로 수고는 충분히 보상받지 못했다.

모세는 호렙산에서 불붙은 떨기나무를 보았다. 쓸모가 없고 도움도 되지 못하는 가시 떨기나무, 거기에 불이 붙어 타오르니 아름답고 황홀했다. 물끄러미 바라보는 모세에게 하나님이 이리 말씀하셨을까.

"모세야, 아름답냐?"

"네, 아름답습니다!"

"너도 저렇게 아름답게 불타고 싶으냐?"

모세는 주저한다. 나이 80세에 정열로 타오르겠다면 염치없는 일이고 가당치 않은 일이다. 그만큼 자신의 처지를 알았기에 사양을 하다 부름에 응한다. 그리고 인생 80세부터 하나님의 불이 붙어 불덩이로 살았다. 하나님이 그를 꺾으셨고, 그를 감싸셨고, 그의 안에 들어가 계셨기에 불붙은 인생으로 거듭나서 불을 붙이는 사람으로 살아갈 수 있었다. 그래서 모세의 삶은 더 아름답고 찬란해 보인다.

모세를 쓰면서 유대계 독일 작가 프란츠 카프카(Franz Kafka)가 했던 말을 많이 음미했다.

이 책을 쓰는 과정에서 나는 진정한 작가가 아닐지도 모른다는 생각을 수없이 했다. 나는 교사이거나 중개인이다. 다른 사람의 지식을 가져다줄 뿐이다.

내가 그런 것 같다. 특히 모세의 중개인이 되고 싶었다. 모세에 관한 지식을 독자들에게 소개해 주는 중개인으로 지냈던 집필 시간이 참 좋았다. 은퇴하고 나서 교회가 마련해 준 마곡단지의 집필실에서 처음 쓰는 책이었기에 모세가 더 다가왔다. 모세에게 정희재 시인의 글로 재차 위로해 본다.

"사느라, 살아 내느라, 거기까지 오느라 애썼어요."

그래서 모세에 대해 어느 인물보다 더 잘 써 주고 싶었다. 내 글로 모세가 편하게 웃는 모습을 상상으로나마 보고 싶었다.

그러고 보면, 40년 목회를 마감하고 새롭게 이륙하는 나도 많이 애썼던 세월이다. 그래서 나 자신도 위로해 본다.

"너도 참 애썼다."

그 애씀이 행복이 되게 해 준 늘빛교회 성도님들, 지훈, 명훈 아들 부부와 사랑스런 세 손자, 과분하게 여섯 권의 책을 내주고 이 글도 빛을 보게 해 준 두란노, 문서 후원금으로 응원해 주시는 후원자님들에게 감사를 전한다. 후원자님들의 지원이 없었다면 척박한 출판 시장에서 내 책이 자주 나오지 못했을 것이다.

모세가 다시 돌아왔다.

이스라엘 백성보다 이젠 우리가 모세에게 귀를 기울여야 할 때이다. 그래서 모세가 전해 주는 성화(聖火)를 건네받고 우리에게도 불이 붙었으면 좋겠다. 강렬하지는 못해도 은은하게 따뜻한 온기로 그렇게 불붙은 떨기나무로 빛났으면 좋겠다. 인생이 그러면 되는 게 아닐까.

독자님들도 사느라 수고 많았습니다!